假如的人生沒有意義

紀海，彭丹，趙燕國彰，王麗 著

低谷蓄力、磨練
通往繁華有段荒涼
唯有主動出擊才會豐

真實案例 × 深刻言論 × 實用建議
七大章節，深入探討不同的人生主題
引導讀者超越「假如」，活出充實且有意義的人生

「人生贏家之所以能夠成功，是因為在他們眼裡，榮華富貴、
功名利祿都是身外之物；人生不能重來，唯有奮鬥和努力能
夠隨時隨地開始。只要不放棄，任何成功都可以從頭再來。」

目錄

第一章　假如的人生沒有意義

贏家的人生沒有假如 ……………………………… 008

面對到來的風和雨，用愛回報世界的演員 ………… 014

彭丹：在人生舞臺上做自己的主角 ………………… 017

艱辛的磨難會豐盈你生命的韌性 …………………… 024

趙燕國彰：把跌倒的地方作為起點 ………………… 028

你的任何經歷都會成為精彩的瞬間 ………………… 033

讓癒合的傷口變成身體中最堅硬的部分 …………… 038

舉世的絕望能帶給你淒美的成長 …………………… 044

第二章　做一個孤獨的自律者

自律的最高境界是享受孤獨和自由 ………………… 052

你今天的優勢是昨天克制的劣勢 …………………… 058

管好善變的情緒，是你蛻變前的洗禮 ……………… 066

你內心的溫度掌控成功的高度 ……………………… 073

驕傲是開在煎熬裡的曇花 …………………………… 078

第三章　愛拚的人有好運

了不起的人都是愛拚的人 ……………………… 082

成熟就是把滄桑打碎吞進肚子裡 ……………… 086

磨難的路上站著好運 …………………………… 091

敢跟困難「拚命」的人贏好命 ………………… 096

你的汗水和淚水不會白流 ……………………… 103

第四章　努力堅持你的夢想

夢想是我們的無價之寶 ………………………… 110

遍體鱗傷是追夢的代價 ………………………… 116

夢想讓你與眾不同 ……………………………… 121

努力＋堅持＝夢想實現 ………………………… 127

心存夢想，機遇就會籠罩你 …………………… 133

夢想的源頭是幸福 ……………………………… 138

實幹也能成就夢想 ……………………………… 143

第五章　任何時候都不要迷失方向

目標越精準，未來越美好 ……………………… 148

選定方向，你的人生將有無限可能 …………… 156

擁有什麼樣的目標，就擁有什麼樣的人生 …… 161

別讓目標的高度超過你的實力 ················ 167

信念不垮，希望就在 ···················· 174

制定計畫，專注朝前走 ·················· 184

第六章　在逆境中積蓄反彈的力量

逆境讓勇敢的人更勇敢 ·················· 190

厄運醞釀奇蹟，忍耐必有驚喜 ·············· 194

挫折是磨練人格的最高學府 ··············· 201

撐住，你和成功只有一步之遙 ·············· 207

通往繁華有一段荒涼的路程 ··············· 214

低谷是積蓄力量的最好時機 ··············· 220

第七章　行動是極致的修行

世間所有的成功都源於行動 ··············· 226

積極行動，創造奇蹟 ···················· 232

恐懼中的行走會刺激你的勇敢 ·············· 239

唯有主動出擊才有收穫 ·················· 245

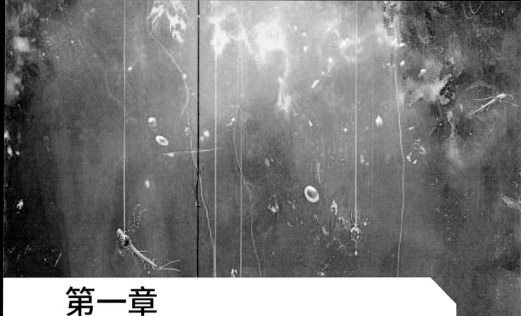

第一章
假如的人生沒有意義

贏家的人生沒有假如

「紀總，您現在都這麼成功了，為什麼還這麼拚？」

「紀總，我們知道您在創業過程中吃了不少苦，假如讓您再做一次選擇，您還會選擇創業嗎？」

「紀先生，據說您的家教很嚴格，您今天的成就，全是靠自己打拚來的。假如再給您一次選擇，您還會為事業這麼拚嗎？」

「紀總，您後悔當初的選擇嗎？假如您當初不選擇創業，按部就班地進入國營事業或政府機關，您是不是就能少吃一些苦頭？」……

我所到之處，這些問話如影相隨。每次我聽到後，總是淡淡一笑，統一回覆：「生活中沒有『假如』，腳踏實地地走好自己當下的路，就是最好的選擇。」

有人說，人生如棋，事事如局。關鍵時刻不能走錯，否則會步步錯。此話有一定的道理，畢竟「一失足成千古恨，再回頭已是百年身」。古往今來，類似的事情羅列不盡。我們要想贏得人生棋局，就得謹慎地走好每一步，這樣才能步步為營、穩紮穩打，讓自己走出一條無悔的人生之路！

對於真正的人生贏家來說，他們的字典裡沒有「假如」，因為不管他們選擇哪條路，他們都會用自己與眾不同的方式，走出一條獨特之路來。在他們看來，一旦選擇，就會堅定不移地走下去。

　　三年前，我們公司決定投入巨資拍一部大劇。一切準備就緒後，卻少了「女主角」這個東風。有將近三個月的時間，一直沒有合適的女主角。當時圈內的朋友推薦了很多優秀的女演員，我們透過海選也找到了不少看起來合適的演員。然而在試鏡時，我們發現，雖然她外型姣好、演技也不錯。卻不符合劇中女主角的標準。

　　就在我們為此困擾時，一位女演員拿著她參演過的作品找到我們。導演在看過她主演的軍事歷史題材電影後，他在電話裡高興地對我說：「紀總，真是踏破鐵鞋無覓處，得來全不費功夫啊，這個女主角，簡直就是為我們劇中人物而生的。我已經讓助理聯絡她了，準備讓她來試鏡，她試鏡時你也過來吧。」

　　「這麼長時間找不到女主角，可能是導演為了安慰我吧。」我覺得導演的話有點誇張，之前我投資拍的大劇，幾乎都是這種情況：影視圈不缺漂亮的、有演技的演員，但是真正能演活劇中主角的演員，真的是鳳毛麟角。

　　讓我沒有想到的是，我在看過試鏡中的女演員後，驚喜不已，她幾乎演活了劇中主角，看著她的一顰一笑，一舉手一投足，我彷彿回到了那個年代 —— 此劇拍攝完開播後，收視率一路長紅。

　　圈內人士和觀眾們一致認為，女主角更是完美地詮釋了有實力才是贏家。

在一次電影舉辦的新聞發布會上，有記者問她：「聽說拍戲很苦，特別是拍這種戰爭片，而你身為女孩，好像總是接這種類型的戲，會不會後悔當初的選擇，假如再給你一次選擇，你還會選擇當演員嗎？」

她微笑著回答：「假如的人生沒有意義，時光也不會倒流，我們唯一要做的就是，不管你走哪條路，也不要管你腳下的路有多麼難走，都不要放棄，而是抬起頭、硬著頭皮一路往前走。不要去想結果怎樣，只想自己有沒有努力，有沒有盡全力，有沒有開心地去做事情，就足夠了 ——」

她的話還沒有說完，現場響起了熱烈的掌聲和叫好聲。鎂光燈下，她就像一朵從淤泥而不染的蓮花，雅潔、高貴、超凡脫俗。

她就是著名演員彭丹，也是本書的作者之一。從小熱愛電影表演的她，8 歲時在一次「海選」中被選中，之後一直從事表演事業。至今已經有三十多年了。她的演藝生涯並非一帆風順。在 1990 年代後期，她的演藝事業一度低迷，曾經不辭辛苦地奔波在中國和香港之間。關於她許多感人的故事，後面的章節還會提到。

為了突破自己，她在十幾年的拍戲生涯中，嘗試了各種不同的角色。其間的艱辛，不經歷的人是無法體會到的。

演員是一個看似風光，但實際上卻很苦的職業。我到過拍攝現場，親眼目睹了演員拍戲前的艱苦訓練，拍戲中的辛苦表

演，影視劇中夏日的驕陽烈日、暴風雨，以及冬天寒風暴雪下冰裡的拍攝鏡頭，都是建立在演員吃盡苦頭的基礎上才完成的。

「我覺得沒有真正意義上的成功，人生就是一個不斷突破自己的過程，這個過程就像蛻變成蝶的蛹，痛並快樂著。」彭丹說，「我很享受這種蛻變的痛。」

我們不要羨慕別人人前的風光，更不要嫉妒別人成為人生贏家。如果你能做到像他們一樣努力和堅持，那麼你就跟他們一樣成功了。

人生贏家之所以能夠成功，是因為在他們眼裡，榮華富貴、名利都是身外之事，人生不能重來，唯有奮鬥和努力能夠隨時隨地地開始。他們明白，只要不放棄，任何成功都可以從頭再來。所以，我們要想成為贏家，就得學他們這樣，在把握當下的同時，腳踏實地地走好每一步，穩紮穩打，方能打拚出屬於自己一方天地。

汽車大王福特（Henry Ford）說得好：「不管你認為自己會成功或失敗，你所說的都是對的。」人生沒有「失敗」這兩個字，只是暫時停止成功而已。只要不放棄，在人生的旅途中，你都不算是失敗，都只能算是暫時停止成功而已。

2015 年，洛杉磯時間 5 月 10 日，第二屆中美國際電視節閉幕式在比佛利山莊希爾頓酒店（The Beverly Hilton）隆重舉行，中國和美國好萊塢的多位重量級明星及多位政界貴賓紛紛盛裝出席。就連美國國會議員艾德‧羅伊斯（ED Royce）和

趙美心（Judy Chu）也來參加了。

「中美國際電視節」是為上年度在電視劇產業中取得優異成績的優秀演員、導演、製片人頒獎的盛典。主辦方希望透過此次頒獎典禮，讓全世界看到中美國際電視藝術的風采，並透過此次盛典建立起中美電視劇交流的新平臺。

「中美國際電視節」本著公正平等的原則，由來自中美國際電視屆的評審們及資深媒體人嚴格篩選和票選，彭丹在幾十名優秀女演員的角逐中脫穎而出，在繼 2014 年第十屆中美國際電影節中奪得「最佳年度導演」獎後，她再度於好萊塢榮獲「最受歡迎女演員」獎。

頒獎典禮上，在眾多明星的炫麗晚裝與性感造型中，身著一襲清新典雅、明快簡潔黑白短裙的彭丹，引起海內外媒體的極大關注。在發表獲獎感言時，她用一口流利的英語表示，洛杉磯是她的福地，從 2014 年到 2015 年，她三次在這裡獲得了「最佳女主角獎」、「最佳年度導演獎」和「最受歡迎女演員獎」。

原來，彭丹從小就讀於美國著名的茱莉亞學院（The Juilliard School），主修戲劇和舞蹈，並多次在林肯中心（Lincoln Center）、百老匯劇院演出，曾經在美國獲得了「世界亞裔小姐冠軍」。但在她心中，一直有一個「中國夢」，就是希望憑藉一部自己主演的中國題材電視劇在美國獲獎，今天這個夢想終於在比佛利山莊得以實現。

有媒體問到彭丹未來的工作計畫時，她說，因自己從小在

美國長大，同時了解東西方文化，知道溝通的關鍵在哪裡。希望今後能夠多拍一些展現民族精神及中華文化的影視作品，而不會去拍一些炫富跟風之作。她認為世人不會因為中國人有錢就尊重我們，而會因為中國人有文化來敬重我們。

「在未來的日子裡，我願意為中美文化的交流盡一份綿薄之力。」彭丹像個孩子一樣誠懇地說道。

彭丹從事演藝事業多年，在中國國內外獲得過無數的獎項，但也吃過很多苦頭，經歷過無數的失敗和坎坷，飽嘗過人世的多少辛酸，卻依然用一顆純真、敏感、堅強的心，不斷地進行自我調整，才有了今天的成就！

在這個世界上，沒有天生的贏家。我們只有做到在失敗中學會及時調整自己，這樣才能在遭遇挫折時奮發有為、不懈追求。有一首歌曲唱得好：「不經歷風雨，怎麼見彩虹？沒有人能隨隨便便成功。」一個人的成功，都要經歷人生風雨的洗禮。

困難和挫折是每個人一生中不可避免的因素，所謂人生贏家，是把失敗和挫折轉換為前進動力的強者，然後在奮鬥的過程中展現出驚人的毅力和堅忍不拔的意志，最後取得成功的人。在人生中，只要你有積極的心態和堅強的意志，不斷地學習和創造有利的環境，那麼奮鬥戰場的舞臺也會變為你展示自我的平臺！

面對到來的風和雨，用愛回報世界的演員

　　有一年，我去美國參加一場商務活動。在那次活動中，一位企業家的話深深地感動了我，他說：「生命之美，美在姿態，這種姿態就是，在面對人生的風雨時，我們不要抱怨，而是堅強面對。強大的人，是在征服了人生的一次次洗禮後的成長。所以，當我們變得比以前強大時，那是因為這個風雨的世界成就了我們。我們要用愛來回報世界。」

　　在人生淒厲的風雨中勇敢地站起來，從苦難和孤寂裡尋找生命中點滴的甘美。是每一個人前風光、每一個成功的人奮鬥過程中必經之路。

　　這個世界其實很公平，不管你是一個奇人，還是一個庸才，只要敢和命運抗衡，與人生比賽，不沉淪，不悲哀，在人生的賽場上，哪怕你跑得不快，哪怕你是最後一個到達終點，你也是勝者，因為你用頑強的意志堅持了下來。

　　我們要學會為自己喝采，為自己鼓勁，感謝它們磨練了自己堅韌的性格。一個人只有學會欣賞自己，才會給自己一個輕鬆、年輕、良好的心態。有了這樣的好心態，便會坦然面對人生的風和雨！

　　彭丹是 1990 年代進入香港影藝圈的，在短短幾年之內，她主演了 50 多部電影和電視劇，並獲得了可觀的票房肯定，一時之間，她在演藝圈的聲名鵲起。

　　就在許多人都認為這位從香港影視圈起家的寵兒，會繼續在香港影視圈大展拳腳時，彭丹卻做出了一個讓所有人都驚訝的舉動：在主演了幾十部商業電影並獲得巨大成功後，她覺得商業電影不能完全表達自己對人生的感悟和對藝術的追求。於是，她要改變戲路。

　　時機終於來了，當于曉陽導演把一個《開著火車上北京》的劇本拿給她看時，她看過後怦然心動。彭丹喜歡這部電影，為了演好這個角色，她把劇本貼滿整個房間，晚上臨睡覺時看到的是劇本，早上醒來看到的還是劇本。

　　開機的時候，彭丹懷著激動的心情登上了開往大西北的列車。遺憾的是，一下火車就有了高山症狀，身體一向很好的她，心跳變得加速，呼吸困難，但她堅持著，當時，片場是攝氏零下三十六度的嚴寒。

　　彭丹在拍攝一組火車頭出事的鏡頭時，要在行駛中的火車頂上往車頭跑。她有懼高症，明知道一旦摔下去就會「英雄」，但對演藝事業一向敬業的彭丹，堅持不用替身。她在心裡默默地對自己說：「彭丹，你可要撐住，今天，你一定要爬上火車頭！」

　　在拍到第三遍的時候，體力不支的她忍不住哭了。依著她的性格，等她哭完後，她又爬起來再拍，迎著強風和蒸汽在火車頂上邊跑邊喊……那危險的場面，在場的老藝術家在為她捏了一把汗的同時，又都被她的執著精神所打動。

　　就是在這部電影裡，彭丹用自己實打實的演技，把主角塑造得栩栩如生，得到影視圈同行們的一致認可，正是因為她在這部片中精彩的演繹，著名作家梁曉聲看電影時都忍不住流下了眼淚。事後他在一次採訪中對記者說：「我和彭丹認識，看認識的人演戲，會有一種不真實的感覺。而我看彭丹演的這個電影就沒有這種感覺，感覺不到她演戲的痕跡。我建議彭丹去電影學院講課，講一下如何把電影拍出人性化。」

　　彭丹傳神而生活化的表演，折服了中國國內的專家評審，也引起了外國片商的極大關注。美國華納影業立即以 70 萬美元的高價買下該片的海外播映權，打破了在中國內獲獎的電影無法走出國門的慣例！

　　人的一生就像長滿荊棘的一段路，但明知道會鮮血淋漓，可是我們還得堅持勇往直前。雖然這只是踏進人生的起步，但我們仍會為自己嚥下淚水而喝采，鼓勵自己再走下去，堅持到底就是勝利！

　　當你學會了為生命喝采，學會了肯定自己，就是從另一個角度征服了自己，這個時候，你將成為一個自信、勇敢、無畏、豪邁的自我。即便在人生之路上遇到再大的風雨，你都不會畏懼，並且堅信，黎明終會到來！

彭丹：在人生舞臺上做自己的主角

我到美國求學時，跟一位中美混血的女同學很要好。她年紀只比我大一歲，卻已經在多部電影中飾演主角，在美國演藝圈小有名氣。

有一次，一位導演邀請她在一部電影裡擔任配角。那位導演沒有名氣，我覺得以她的知名度，是不會答應的。一是這位導演還沒有她的名氣大；二是這部電影裡請的女主角是新人。

她毫不猶豫就答應了。

看我一臉不解，她笑著說：「演員是我們的職業，不管所演的是主角還是配角，我們都要盡全力演好屬於自己的角色，即便是一個只露一面的小角色，也要用心地來演。」

我似有所悟，問道：「你的意思是，機會無處不在？」

她搖搖頭，說：「NO，我們的人生就是一部大戲，在這部大戲裡，我們要做自己的主角。無論是工作，還是生活，都要盡全力成為這部戲裡的主角。哪怕你在演戲中演的是配角，也要當成主角來演。」

電影上映後，她飾演的配角榮獲兩項大獎。

她的話對我觸動很大，在此之前，我一直認為，從事演員職業，只有當主角才有成名的機會，飾演小角色，就是在給主角當綠葉。

「我這樣的小配角，沒有幾場戲，觀眾哪裡能記住我？」

這種想法，大概每一個當過配角的人都有過。有了這樣的想法，在演配角時自然就不會賣力。因為不賣力，飾演的角色自然也不會出色。

這種「演主角才能成名」的心理，也貫穿在人們習慣的思維裡：要想成名成家，就必須做大事。即使在看電視時，也會不由自主地把自己想像成是劇中主角。「主角」心理，讓很多人為自己不奮鬥、不努力找到了藉口，如表 1-3：

表 1-3

沒有考上好大學？	藉口：家裡沒有錢，只能上普通中學，上普通中學，當然比不上明星學校的學生了，考不上好大學也理所當然。
工作中賺錢不多？	沒有上好大學，沒有高學歷，主修的科系不好找工作，為了生計，只能將就。
創業失敗？	藉口：沒有辦法，誰叫我沒有一個有背景的家、一個有錢的爸爸呢？
事業不成功	藉口：運氣不好，再努力也沒有用。

人生如戲，戲如人生。每個人的一生就是一部連續劇。在自己人生這個大舞臺上，你就是主角。哪怕你在公司是地位最低的員工，從事的也是卑微的職業，在工作時必須做主角，用主角心態來工作和生活，你就會堅信自己存在的價值，這時的你就是最美的。

在生活中用「主角心態」生活，你會發現，你的生活簡單快樂；在工作和學習中，你運用「主角心態」來努力，將會讓你受益無窮！

我在美國深造的八年期間，除了刻苦學習芭蕾舞，還參加了數次世界亞洲小姐、美國華裔小姐的競選。

記得每輪競選時，許多來自中國的同伴們在自我介紹時，會自稱是來自「日本」或「新加坡」，我當時非常困惑，不知道她們為什麼要這麼做。輪到我介紹時，我會驕傲地對評審說：「我是來自中國的留學生！」

聽了我的介紹，評審們當眾對我說：「你給人的感覺很真實！」他們在現場跟我交流過後，我得到在場的每位評審的認可。

此次比賽中，我連續榮獲「世界亞洲小姐」、「美國中國小姐」、「美國華裔小姐」冠軍，成為唯一在世界選美舞臺上榮獲三連冠的東方女性。

我在美女、才女如雲的大賽中獲獎後，許多人都認為我是憑藉姣好的外型和高雅的氣質獲獎的。我心裡並不這樣認為，從在場評審和我的粉絲那裡，我倒覺得，是我的真實打動了他們。

我的一位同學多次對我說：「你身上散發著一股拚勁，讓我非常佩服你。我預感到，你將來的事業會做得非常成功。」

我好奇地問：「你從哪裡看出我身上有一股拚勁的？」

同學說：「你做什麼事情，都在用心地做。並且力求做到最好。這樣一來，你就永遠成為主導事件的主角了。」

我聽後若有所悟，之後我認真分析了自己來美國學習的變

化和進步，發現我不管是在學習中，還是在工作和生活中，我都無意識地把自己當作「主角」，因為我是主角，我就得為自己做的任何事情負責；因為我是主角，我必須盡全力做好眼前的一切；因為我是主角，我就要像舞臺上的主角一樣，主宰自己的命運。

我雖然在選美大賽中奪得「三連冠」，可我的生活並沒有因此改善，依舊過著「半工半讀」的拮据的生活。在餐廳端盤子，在學校做洗衣工、當郵差等。

我不管是做洗衣工，還是當郵差，我都會認真對待。很多同學誇我能吃苦。就在我的生活異常艱苦的時候，我因為榮獲「世界亞洲小姐」的桂冠，被《花花公子》（Playboy）雜誌看中，他們答應花 25 萬美元邀請我拍雜誌封面。

說實話，我剛收到這個訊息的時候，激動得睡不著覺，25 萬美元啊，這麼多錢，我得洗多少衣服啊。我以後就可以專心地練習了，再也不用擔心因交不起房租而被房東趕出門了。

我沒有想到，自己這次是高興得太早了。我是一個很細心的人，在答應《花花公子》雜誌的邀請前，我透過其他地方了解到《花花公子》雜誌的性質後，果斷地拒絕了。

過沒多久，《花花公子》總裁寄給我兩本雜誌，封面分別是美國前總統的女兒以及一位美國女警察。他再次邀請我為他們拍雜誌封面。我依然拒絕了。

《花花公子》總裁對此事十分不解，他問我：「你們跳芭

蕾舞的平時也穿得不多，為什麼要拒絕拍我們美國雜誌的封面呢？」

我回答道：「我們跳芭蕾舞的服裝和舞姿是為了藝術，而你們不是為了藝術。」

這件事在美國引起了極大轟動，各大媒體競相報導，稱我是「挺著脊梁骨的東方美人」。

有人說：「意外和明天你永遠不知道哪一個會先來。」在我們人生的舞臺上，會有各種意外事件發生，有的甚至於是致命的，讓我們猝不及防。面對這些突如其來的事件時，我們要做的就是挺住，在心裡告訴自己：「你是你戲裡的主角，是主角就得讓你的人生大劇完美地謝幕。無論發生什麼事情，你都不能逃避，更不能倒下。你要做的就是於困境中激發自己的鬥志，成為無所不能的強者。」

《阿甘正傳》裡有一句臺詞是這麼說的，「人生就像一盒巧克力，你永遠不知道會嘗到哪種滋味。」但不管是什麼滋味，作為主角的你，都要親自去品嚐、去體驗。正如一句話所說，生活虐我千百遍，我待生活如初戀。

在這個充滿競爭的世界上，其實你最強大的競爭對手是你自己，你如果不倒下，沒有人能打敗你。當你滿懷熱情地面對生活中所發生的一切時，不管什麼時候，你都能演繹好最美的自己！

1995 年，我有幸在著名導演李安監製的英語電影《落鳥》

（*Chinese Chocolate*）中，飾演女主角林娜，這是我的處女作。雖然是初次擔任女主角，但因為我在生活中一直用主角的身分和心態來處事。所以，在拍這部戲時，不管是精神方面的壓力，還是艱辛的拍戲過程，在我這裡都是不存在的。

拍每一個鏡頭，我都會用心去演。有時一個場景要試拍多次，我沒有絲毫抱怨。

《落鳥》上映後，榮獲第 46 屆柏林國際電影節「最佳藝術片獎」和蒙特婁世界電影節「最佳影片獎」等七項大獎。

拍完《落鳥》後，我被黃百鳴賞識，他邀請我到香港拍攝由章國明執導的喜劇驚悚情色片《狼吻夜驚魂》，在這部影片中，我飾演的是女主角周美詩。

在接下來的幾年當中，我又主演了 50 多部電影和電視劇，並獲得了可觀的票房。我也因此聲名鵲起，真正的成為了自己人生舞臺上的主角。

在人生的大舞臺上，哪怕你一開始當的是配角，只要你做真實的自己，挺起胸膛、清清白白地做人、理直氣壯地做好屬於自己的事情、昂首闊步地向前走，總有一天，你會成為主宰自己命運的人，成為舞臺上光彩照人的主角，成為別人仰視的王！

不管你此時身處怎樣的困境，都要堅信自己的力量。人生之路歷來就是崎嶇不平的，有人的地方就有江湖，有生活的日子必定摻雜著坎坷和快樂。如果你勇於做自己生命中的主角，

勇於面對一切的艱難險阻、勇於冒險，甘心做那個不怕吃苦、不怕流汗的人，那麼你一定會實現自己心目中最美好的願望，過上理想的生活！這時的你，再回首過去，會感謝生命中那些艱難的歲月，是它們給了你學習、成長的機會，讓你成就了自己，成為自己人生舞上的主角！

艱辛的磨難會豐盈你生命的韌性

普魯塔克（Plutarch）說：「衡量一個人，可以看他在不幸之下保持勇氣、信心的方式怎樣。」事實的確如此，有多少人，面對磨難選擇自暴自棄，最終讓自己葬送在磨難之中。而對於那些勇敢的人來說，他們會從最初的慌張和束手無策，到從容地面對苦難、戰勝苦難，再到最後的笑對磨難、品味磨難、享受磨難帶來的痛苦——是的，在他們的努力下，磨難不但沒有毀掉他，反而成為他們求之不得的機遇。他們藉助磨難，完成了人生最華麗的蛻變！

對於我們每個人來說，磨難不是我們生活中必須的，但一個人若不經受痛苦和磨難，既不能體會到生活的，也無法體驗到生命的精彩。

巴雷尼（Robert Bárány）在年幼時因病成了殘疾，突如其來的災禍讓可憐的巴雷尼痛不欲生。那段日子，他躲在家裡，不想出門。

看到巴雷尼這個樣子，他母親的心像刀絞一樣，但她還是強忍住自己的悲痛。她想，孩子現在最需要的是鼓勵和幫助，而不是媽媽的眼淚。母親來到巴雷尼的病床前，拉著他的手說：「孩子，媽媽相信你是個有志氣的人，希望你能用自己的雙腿，在人生的道路上勇敢地走下去！你能夠答應媽媽嗎？」

母親的話，像黑夜裡的燈照亮了巴雷尼眼前的路，他孤獨

的心彷彿有了依靠，他一邊點頭，一邊撲到母親的懷裡大哭起來。

從那以後，這位勇敢的母親只要一有空，就教巴雷尼練習走路，做體操，常常累得滿頭大汗。在母親的鼓勵下，巴雷尼開始進行各種高難度的鍛鍊。

有一次，母親得了重感冒，她想，做母親的不僅要言傳，還要身教。儘管發著高燒，她還是下床按計畫幫助巴雷尼練習走路。

巴雷尼看著汗水從母親臉上淌下來，被深深地打動了，他在心裡對自己說：「今後，無論發生什麼，我都要像媽媽這樣堅強地撐下去。」

那天，母親咬緊牙關，硬是幫巴雷尼完成了當天的鍛鍊計畫。也是在這一天，母親的榜樣作用，更是深深教育了巴雷尼，他終於經受住了命運給他的嚴酷打擊。

從此以後，巴雷尼一邊用體能訓練彌補殘疾給他帶來的不便，一邊刻苦學習。他的學習成績一直在班上名列前茅。高中畢業後，他以優異的成績考進了維也納大學醫學院。

大學畢業後，巴雷尼克服各種困難，以全部精力致力於耳科神經學的研究。幾年後，他終於登上了諾貝爾生理學和醫學獎的領獎臺。

有人說，磨難是造物主恩賜給我們的一劑良藥，它可以醫治我們身上的許多毛病。比如，磨難增加了我們生命的韌性，

使我們更加堅韌，走得更遠；磨難讓我們懂得珍惜當下平靜的生活，唯有在磨難面前，我們才會懷念之前平和安穩的日子。磨難不為人們所喜，但它從另一種角度告訴我們，什麼是愛和珍惜。

磨難，能鑄就我們不屈不撓的意志，激發我們身上的潛能。所以，我們不要害怕遇到磨難，正是由於磨難，我們的生命才更有價值，我們的意志才更加堅定，我們的思想才更加成熟。

磨難是智慧的第一抹曙光。上天之所以這樣安排，是因為人生的許多道理，不是單靠容貌和聰明就能夠理解的，而是要靠痛苦的磨礪，執著的堅守，方能徹悟。如果說快樂生活源於好的心態，那麼經受痛苦的折磨則會讓心理變得強大；如果說快樂帶來的是享受生活，那麼磨難帶來的則是領悟快樂生活的真諦。一個人若不經歷磨難，就不能深切地體會到快樂生活之道，不能感受到生命的豐盈之美！

縱觀那些成功者的過往經歷，你會發現，他們經歷過無數次的磨難，那些磨難，非但沒有把他們壓垮，反而贈予他們生命的韌性，讓堅強不屈、開朗樂觀、豁達超然的品格根植在他們血脈中，流淌在他們生活裡，每每遇到苦難，他們要做的就是面對、克服……是這些磨難，幫助他們跨越了生命中一道道坎坷。

更為可貴的是，這些艱辛的磨難，鑄就了成功者那種屢敗

屢戰的個性。讓他們無論做什麼事情，都不會計較得失，在他們看來，迎難而上已經成為習慣，不關乎成功還是失敗。

人的生命就像四季輪迴，既要經歷明媚的春天、豐碩的秋天，也要經歷夏天的酷熱、冬天的嚴寒，唯有這樣，我們才能體會到四季不同的美妙之處，生命也因此變得豐富起來！

磨難就像四季中炎熱的酷夏和數九寒冬，給我們的身體帶來另類的體驗，讓我們珍惜大好的春光；磨難，讓我們的生命更有價值，我們只有在經受磨難後，才能變得更加成熟和睿智。

所以，我們真的需要感謝苦難和逆境。因為真正使我們變得機智勇敢、樂觀自信、豁然大度的，不是優越的順境，而是那些殘酷的打擊和意想不到的挫折。請深深地感謝你生命中遇到的每次磨難吧，當你克服一次磨難，你的生命就拔高一次。可以說，磨難增加了我們生命的韌性，使我們更加堅韌，在人生的道路上走得更遠！

趙燕國彰：把跌倒的地方作為起點

湯瑪斯・卡萊爾（Thomas Carlyle）說過，生命不止，奮鬥不息。當我們擁有一種「生命與奮鬥」同在的精神時，哪怕人生風雨再大，哪怕腳下的路再曲折、泥濘，我們都不會輕言放棄，而是變得更加堅強，從中吸取教訓，讓每一次跌倒成為人生里程中又一個新的起點！

多年以前，我在選擇演藝這條道路時，一位老師語重心長地對我說：「世間萬事都有一個過程，這個過程充滿了艱難，這時候你不要放棄，因為任何事情發展到一定階段時都會遇到瓶頸，你只有不斷地克服問題、解決問題，才能一步步地完善自己，從而成就一生。記住，不要害怕跌倒。因為跌倒的地方，往往就是你成功的起點。」

當時我們在聽到這句話時，就當成一種「雞湯」喝了，並沒有放在心上。只是後來我在經歷了一些事情後，才發現老師說的這些話，是激勵我們向前走的真理。

1992 年，我去香港從事演藝事業。我滿懷熱情地來到香港，但讓我大失所望的是，香港無線並沒有接收北京的藝人。至今，我還記得自己當時絕望的心情。

我就這樣錯過了最好的畢業分配時機。

那時，我眼看著昔日的同學在畢業後，都在演藝界找到了歸宿，而我卻前途未卜。第二年，我應在新加坡的親戚邀請，

到新加坡留學，繼續追尋我的演藝夢想。來到這裡後，我再次失望了。

原來，我的親戚對影視業沒有興趣，他們更喜歡發展面更廣的商業。我完成學業後，擺在我面前的道路有兩條，一是放棄電影，在新加坡從事商業等其他更有發展的產業；二是回中國繼續孤身奮鬥，圓自己的電影夢。

那時，很多人都勸我從商，他們說：「演藝事業充滿坎坷，成名需要很多因素。人活著，無非是名和利，演戲是為了賺錢，經商也是為了賺錢，而演戲比經商更苦，何不選擇經商呢。」

我斷然拒絕了。我心裡明白，從我 13 歲那年選擇這條路開始，我就下定決心，即便在這條路上摔倒，我也要爬起來重新上路。

就這樣，我義無反顧地選擇了回國，這意味著，我的一切都要從零重新開始。

我回國後，同班同學許晴、李婷等已經趁著年輕陸續出名。雖然現在的處境對我不利，我還是充滿了信心，繼續執著於我的夢想。

在最初將近兩年的時間裡，無戲可排的我，就靜下心來寫了三個劇本：《風馬牛相及》、《女神》、《三十而立》。

《女神》旨在闡述我對抗日戰爭的看法。日本對中國不僅僅是侵略土地和殺戮人民，他們帶來的最大的傷害是入侵文化

和刺傷民族的心靈。劇本透過一個抗日英雄的形象和一個完全日本人的形象表達了這一見解。

《風馬牛‧相及》講的是一個發生在中國農村的故事，用了魔幻現實主義的手法描寫了一個變態丈夫的形象，完全取材於我實踐的經歷。

《三十而立》是後來電影《沒事找事》的前身。當時因為我剛回國，過的是那種居無定所的生活，讓我體驗到了城市一部分年輕人真實的創業生活，才有了這部劇本的創作源泉。

我就是這樣一個人，當生活讓我栽跟斗時，我會把它們變成創作的材料。在接下來將近兩年的時間裡，我一邊寂寞專注地寫作，一邊尋找機會演眾多的角色。我記得我演的第一個螢幕小角色是《梅蘭芳》中的姚玉芙。

在接到這個劇本前，導演對我說，這個角色很小，問我願意演嗎？我覺得任何工作都像在累積基石一樣，就說道：「即使是演小角色，我也要把他演成一個人物。」

《梅蘭芳》上映後，我演的小角色很快得到圈內人的認可，他們一致認為我表演細膩、到位。漸漸地，找我拍戲的人多了起來。

我接到《刺秦》這個劇本時，飾演的仍然是一個小卒的角色，在試鏡前，我專門研究了戰國時期的版畫，學會了那時期人的跑步姿勢……一段很短的戲卻演得極其到位，在電影剪輯時只有這段戲沒有刪剪，而且是唯一又延長時間增加了幾個特

寫鏡頭的一段戲。由於我如此認真到位的表演，周新霞這個有名的剪輯人非常看好我，我們很快成為朋友。

後來，我在自編自導自演的電影《沒事找事》這部電影裡，周新霞受我的邀請加盟了，這一切都是源於對我的欣賞與信任。

「不要害怕跌倒。因為跌倒的地方，往往就是你成功的起點。」多年以後，當我想起老師這句話，不由得感慨萬千。

我能有今天的成就，是因為我能夠從「跌倒」的地方爬起來。畢業第一年，我在香港吃了閉門羹，我沒有在這裡倒地不起，而是立刻站起來，並把這個地方作為新的起點，繼續前行。第二年我在新加坡再次「跌倒」，我再次把這個地方當作新的起點，選擇回國重新開始。回國後我在工作之餘面臨無戲可拍，我就寫劇本；哪怕演小角色，我也依然會傾注心血地去演。

幾年後，我有幸主演了好幾部影片中的男主角：

我在《西藏風雲》中飾演十四世達賴喇嘛。為了扮演好十四世達賴喇嘛，我在西藏和老喇嘛學習並背誦了成篇的梵文經咒，因為沒有梵文的語言基礎，只得死記硬背；為了了解歷史，我查閱了關於十四世達賴喇嘛所有的數據和社會背景。最終，我於形於神的扮演都異常成功，以至於很多藏民們都認定我就是十四世達賴喇嘛的化身，紛紛跪拜企求我「達賴喇嘛」的摸頂賜福。

而在《插翅難逃》的演出過程中，我從頭到腳都負了傷。

我的頭因為演戲所需，要扎進冰冷刺髓的冰洞裡，結果落下了偏頭痛的病；雙臂由於在打鬥過程中被人緊抓，導致微血管大面積破裂，皮膚上有一片片的瘀紅；還有一個腳趾指甲在踢打的過程中從根部掀起，以後的戲裡每每走動或跳動一下都是鑽心的疼……

當我從主演的劇中走紅時，我知道，我就像老師說的那樣，跌倒的地方已經成為我成功的起點了。此時再想起剛畢業時，為了演戲四處奔波和遭受拒絕，我突然很感謝那一段在演戲的路上艱難奔走的日子，我能在無數次的碰壁後，依然堅持走這條路，證實了我是真喜歡少年時代選擇的這條路。

一位記者在採訪時問我：

「你覺得當演員是不是很辛苦？」。

我回答道：「就像作家的手指會變形、電腦人員的眼睛會受傷一樣，這些都是演員的工作，是工作中應該付出的代價。誰叫我喜歡幹這一行。」

因為我喜歡演藝事業，所以，我才不怕人生路上的艱難險阻，即便是跌倒很多次，我仍然心向陽光。無論是做演員、編劇，還是導演，我都是一步一個腳印，踏踏實實地走過來的。

湯瑪斯‧卡萊爾說過，生命不止，奮鬥不息。當我們擁有一種「生命與奮鬥」同在的精神時，哪怕人生風雨再大，哪怕腳下的路再曲折、泥濘，我們都不會輕言放棄，而是變得更加堅強，從中吸取教訓，讓每一次跌倒成為人生里程中又一個新的起點！

你的任何經歷都會成為精彩的瞬間

我出生在一個貧窮的家庭，童年裡最深的記憶就是飢餓。別看家裡經濟條件不好，但母親樂觀的性格，卻能讓我們把飢餓的日子過得充滿樂趣。

「我們經歷的任何事情，都是上天的賞賜。」這是母親說得最多的一句話。

我年幼時尚不懂得這話的意思，心想：「媽媽說得不對，我們受這麼多的苦還算賞賜嗎？」直到長大後，我在經歷了一些事情後，才明白這句話的真正含義：無論什麼事情，我們只要經歷過一次，才能體驗到個中滋味。我們只有在經歷過無邊的黑暗後，才能迎來輝煌的人生！可以說，任何經歷，在經過歲月的沉澱和世事的洗禮後，都會成為我們成長過程中那精彩的瞬間！

我在瑞典與一位朋友合作拍電影。有一個打鬥場景，這位朋友試拍了五次。其實，在第三次時，我和副導演、執行導演都認為不錯，可以過了。但是朋友不滿意，執意又試拍了兩次。

劇組裡的人對他的這種追求完美的精神頗為驚訝。做我們這行的人都知道，打鬥戲不但辛苦、傷身體，還非常危險，一不小心就會受傷，這也是為什麼很多演員會找好幾個替身。雖然我這位朋友已經是瑞典著名的演員了，可他在拍戲時，從來

不找替身。對於他這種堅持，圈裡人佩服得五體投地，紛紛讚揚他：

「難怪你成名後拍的每一部電影，票房都很高，原來是你用自己的敬業精神，把主角演活了啊。」

對於人們的評價，他總是微笑著搖搖頭，連聲說：「NO、NO，演員是我的職業，不管電影票房高低，我都會用心地演。包括我跑龍套時演的無名氏。」

對於他的解釋，大家都以為是他在謙虛。

我們合作的電影殺青時，在慶功宴上，他向我講起他拍的那部最失敗的禁播電影。我知道這部電影沒能上映是因為有很多原因，而最主要也是最關鍵的原因，是他被製片人利用了。影片「出事」後，他一度面臨無戲可拍，生活陷入困頓，更重要的是，圈內妒嫉他的人，拿這事做文章，讓不明真相的人「封殺」他。

我說道：「這事與你無關，是對方騙了你，讓你名譽受損。你有證據，為什麼不把他們告上法庭呢？」

他笑著說：「我很感謝這段被人誤解的經歷，也感謝他們利用了我。」

看到我驚訝的表情，他接著說：「正是這段暗無天日、遭人白眼的經歷，讓我明白做每一件事情必須要認真對待。自己做到凡事認真，才不會給別有用心、居心叵測的人有機可乘。我不找替身演員，是因為我在演角色時，我就是劇中人物。劇

中人物和我們一樣是有血有肉的，是任何人，包括替身都不可取代的。你想啊，在生活中，你願意讓一個像你的人替你生活嗎？」

朋友的話讓我豁然開朗。其實，我們一生中遇到的所有困難，都是上天賜予的劫難。是這些不同的劫難，讓我們學會反省、反思，使我們成為一個堅強、睿智的人。我們只有在嘗過人生百味後，才懂得人生的真諦！

對於每個人來說，任何經歷都是一種累積，有的經歷刻骨銘心，讓我們終生不忘；有的經歷如煙似霧，過而無痕……但無論什麼樣的經歷，都是我們人生旅途中的足跡，都會在當時激發我們內在的潛能。

磨練是成功的一幕序曲，我們把這段演奏好了，之後到來的成功也會很精彩。所以說，命運是公平的，我們所有遭遇的痛苦經歷，都會用另一種形式回報給我們。

我每參演一部電影之前，都會反覆地看劇本，揣摩所演角色的性格，每天對著鏡子說話。電影殺青後，我的工作還沒有結束：我會及時總結自己對所演角色的分析、總結。

1994 年，我有幸在電視劇《梅蘭芳》中出演姚玉芙，正式進入演藝圈。1997 年，我轉型做導演，自編自導自演了第一部電影《恰同學少年》，由於資金問題，這部電影一直到 2002 年才製作完成。

讓我沒有想到的是，我的處女作《恰同學少年》，像我的

成長歷程一樣多災多難。好不容易拍攝完成後，由於電影的包裝宣傳出現問題，我被多家公司告上法庭。值得慶幸的是，因為這部電影的品質過關，上映後還獲得第 13 屆斯德哥爾摩國際電影節「最佳觀賞電影獎」。

正是我這些坎坷的經歷，給我以後的演藝之路鋪墊了扎實的基礎，也成為我人生閱歷中重要的一筆寶貴財富，讓我的演藝之路重見光明。

2000 年，我主演了犯罪警匪劇《插翅難逃》，在這部劇中，我成功地塑造了一個心狠手辣、智慧超群的黑幫老大張世豪。此劇開播後，我幾乎是跟著這部劇一起在螢幕上走紅的。

從 2000 年到現在，人們一見到我就叫「豪哥」。可見我演的「張世豪」有多麼深入人心。

我深知，我們的生活不是一種味道，經歷也不是一種模式。任何人的一生，都不會事事如意的，形形色色、悽悽苦苦的經歷，都是命運之神賜給我們歷練自己的禮物 —— 我們但求無愧我心、盡全力來應對就可以了，這樣才能讓我們苦短的人生不會有遺憾。相信有一天，命運會用你意想不到的形式，給你意想不到的驚喜。經歷讓我們體會的是苦澀的滋味，獲取的都是人生的成果！

有人說，有豐富的經歷，才有豐滿的人生！我非常喜歡這句話。因為任何經歷都會在我們的回憶中，成為那精彩的瞬間。你的經歷越多，人越成熟；你經歷的越苦，你的生命越有

韌性；你經歷的越痛，你的生命越有深度；經歷過困苦的磨練，
生命會有強度；經歷過挫折的考驗，生命便有了亮度。你一旦
經歷過人生的險惡挑戰、踏過了生活的泥沼後，你的生命將會
達到一個讓人仰視的高度！

讓癒合的傷口變成身體中最堅硬的部分

我上中學的時候，班上有一位要好的同學，學習成績很好。我們從國中一年級時就約定，一起考高中、讀大學。

天有不測風雲，他國一下學期時，父親因病去世。為了照顧多病的母親和年幼的弟妹，他被迫輟學外出工作。他離開學校時，把捨不得用的本子送給我，並說：「好好上學，考上大學了記得告訴我一聲。」

那天放學後，我請他在學校附近的一個小餐廳吃麵。在低頭吃飯時，我無意中抬頭，看到他的眼淚，默默地掉在熱氣騰騰的碗裡。

男兒有淚不輕彈，只是未到傷心處。那一刻，我感受到一個男孩，在面對家庭變故時的傷心與無奈、絕望和無助。

他也許不知道，一年以後，我也因為家庭經濟的緣故，放棄了上高中，考了縣劇團學員班。

多年後，當我回憶起這段經歷時，我還隱隱感到當時的心痛。但是，這段讓我面臨艱難選擇之痛的往事，卻讓我變得非常堅強。當我以後面臨選擇時，我不會再猶豫不決，不會再心碎，更不會再患得患失，而是果斷地做出選擇。因為我心中明白：我在少年時代選擇放棄時受的心傷，早已經癒合，同時讓我變得堅強，當傷害再次發生時，我的心已經有了強大的抵抗力。

成功的過程是一個不斷受傷的過程，傷口無論大小、無論

深淺，都會痛徹心腑。慶幸的是，傷口癒合後，就變成了身體中最堅硬的一部分。當你身上的傷越來越多時，一旦痊癒，你就成為具有免疫能力的人了，這時的你會變得越來越堅強，再也不會輕易地被傷害了。

我在拍攝《插翅難逃》時，從頭到腳都負過傷，可謂是傷痕累累，等戲拍攝結束後，我休息了一個多月才恢復過來。

《插翅難逃》是我的心血之作，在拍此劇時，我的頭部和臉部受到了嚴重的傷害。一直到現在，我臉部的傷痛都沒有完全好。

我記得這部劇在開拍之前，我對角色做了精心的分析和揣摩。我得知香港著名演員呂良偉、任達華都演過這個人物，而且他們演活了這個角色，讓這個角色深入人心。也就是說，我要想演好「張世豪」這個角色，除了在演技方面下功夫外，還要把這個角色的形象重新塑造。

說實話，我在接這部戲的時候是很有壓力的。當時的我已經三十多歲了，要演繹一個二十歲到中年，草根出身的強盜逃失、墜落於慾望之都的過程，的確有很大的難度。

我在接戲時，向導演提議，希望在這部戲的表演上不按現實主義演，讓四個腦袋在運作，即畫面的、劇本的、演員的、可觀賞性的。導演答應了。

該劇的成功，證明了我這種充滿思辨力和創造力的表演，是不落俗套的、是可取的。

　　由於我在《插翅難逃》中用全新的表演方式進行了大膽的嘗試。所以，在試戲時有很多鏡頭反覆地重拍，其中在拍打鬥戲時，我身上的新傷加舊傷，每晚睡覺時都不敢躺下來。有時我經常坐著等天亮。這些傷，在我拍完戲的一年中，才漸漸痊癒。

　　然而，正是這一部讓我「傷痕累累」的電影，不但讓我成功地塑造出一個觀眾喜歡的「張世豪」，又讓我有機會在劇中展現自己的演技。

　　我覺得，生活中的一些傷痕，不但有利於讓我們維持人生的心理平衡，而且還有利於讓我們去實現人生更遠大的目標。

　　在人生的道路上，我們在選擇超越自己的時候，總要或多或少地受傷。受傷後，先不要去包紮傷口，而是讓傷口自行癒合。自行癒合的傷口，會帶給你意想不到的驚喜。

　　曾經有一個朋友向我講起這樣一個故事：

　　朋友的父親年輕做學徒時，因為是幾十年前，農村還沒有電鋸，木匠在解木頭時，需要兩個人拉大鋸來完成。

　　他父親和小師弟在拉鋸時，發現了一個奇怪的問題。有時兩個人很快就能把木頭鋸開。但有時卻要耗費半個小時。他們不知道是什麼原因，就問師傅原因。

　　師傅聽後，微微一笑，說道：「說出來你們可能會不相信，那些難解的木頭，就像人一樣，在成長過程中受過傷害。」

　　「樹也會受傷害？」他們有點不相信地問。

師傅點點頭，解釋道：「這是有根據的，受傷的樹和人一樣，變得不容易被打垮。你們剛才在拉鋸的過程中，我在這裡聽到鋸樹的聲音，判斷出你們的鋸碰到堅硬的樹疤了，才有點難拉的。」

「師傅，樹裡面有傷疤？」他們齊聲問。

師傅再次點點頭：「一般來說。樹生長在瞬息萬變的大自然中，會經歷風雨，被折斷、受重傷。大多數樹傷口癒合後，會留個樹疤，繼續生長。往往長樹疤的地方，是樹最堅硬的地方。正是樹疤，支撐著樹繼續蓬勃生長，最終成材。有些受重傷的樹，為了保全生命，苟且偷生，沒有結疤，成了朽木。朽木解開後就鬆散了，那部分木料也成了廢品。」

在現實生活中，很多人一受到傷害，就會不停地抱怨，說命運對自己不公。越抱怨越委屈，最後就失去了奮鬥的動力。其實，傷害讓我們在體會到痛苦的同時，也使我們快速地成長。

我有一個朋友，是一位作家，他對我說：「我從來不怕受傷。這是因為我視痛苦和傷害為『財富』。我在生活中受到打擊時，就會用筆記錄下來。等有一天，這些文字就會成為我小說裡的文字，痛苦中的我，也會成為小說中的人物。」

他的話讓我眼前一亮。關於這些傷痛，我們在不同的思維背後，會有不同的行為。你想讓自己的人生過得有意義，就要為自己點亮一盞明燈，這樣，你即便是帶著傷痛，也不會停止前行的腳步，讓自己贏在人生的起跑點上。

多年來，很多人問我：「你飾演的每個角色，性格各異，但你都演得非常成功，請問你是如何做到的？」

我回答：「排練時，讓身體一次次經受傷害；深夜背劇本時，讓精神一次次跟角色對話、爭執，然後達成合解。每拍完一部電影和電視劇，我感到自己像是完成了一次生命的輪迴。」

對方驚訝地問：「拍戲這麼苦，假如再給你一次選擇，你會選擇什麼職業？」

我笑著說：「如果重新選擇自己職業的話，我仍然選擇當演員，因為只有這個職業有如此厚重的生命密度，能夠體會如此眾多的人生經歷，角色就是我生命的輪迴。對於在紅塵中的芸芸眾生，生活是庸常的，夢想是遙遠的，然而沒有了真正的追求是不會有真正的快樂的。」

或許是我在追求藝術的路上經歷了太多的無奈和傷痛吧，我的靈魂裡面，已經被表演占據。對於我來說，演員這個職業，帶給我的不僅僅是功名利祿，而是一種最純粹、最雋永、最真實、最痛切的感受。「演員是在別人的故事裡流著自己的眼淚」，而我在表演別人的同時，何嘗不是在演繹著自己的生命呢？

在這布滿荊棘而又漫長無比的人生路上，我們身上不免會留下一道道的傷疤。驀然回首，卻發現他一直在遠方默默注視著你，才明白即使是傷口處，也能開出驚喜的花朵。

所以，你要記住：

讓你煩惱的事情，是來成就你的耐心的；讓你痛苦的事情，是助你成長的；讓你煩惱的人，是來幫你的人；讓你痛苦的人，是來渡你的人；讓你怨恨的人，是你生命的貴人；讓你討厭的人，恰恰是你人生中的活菩薩……這些事和這些人，就像鏡子一樣，能照出你不同時期的你，你的每一個不同的側面，都是另一個你自己。感謝一切的發生，是它們給了你成長！因為人與人之間的緊密關係比利益本身更重要！所以，你心中能容下多少奇葩的人和事情，你的事業就能做到多大！

人生的道路總是讓人感到神祕莫測，走在路上還是個未知數，它不知道你將來會走多遠，多精彩，但我們必須堅持地走下去，這樣才可以達到你所期望的理想。如果累了，你可以停下來小憩一會兒，再繼續向前走。

不要害怕受傷！如果你能在受傷後，給自己的安排留出一些屬於自己的空間來思考自己的人生，那麼，你此次的受傷將是助你走向成功人生的里程牌！

舉世的絕望能帶給你淒美的成長

我們只有經歷過舉世的絕望，才能看到美好的希望；只有在數九寒天的黑夜裡捱過凍的人，才能真正體會到陽光的溫暖；只有墜入無盡的虛無之中，才能體驗到這個世界的美好之處。一個人不必要行走在高原大漠，但內心一定要海闊天空！

我一位在金融圈叱吒風雲的朋友，他投資的公司上市前，特意舉行了媒體座談會。在會議上，有家網站的記者問他：「您的創業之路一直很順利，請問您有什麼祕訣嗎？」

「有。」他微笑著鎮定地回答。

全場寂靜無聲，大家洗耳恭聽著，都想把這位金融界大咖的成功祕訣記下，將來好借鑑運用在自己的創業中。

「那請您說慢一點，我們要記下來。」這位記者說著，拿出了紙筆。雖然採訪現場有攝影機、錄音等裝置，他還是怕漏掉重要資訊，要親自記在本子上。

我這位朋友環顧一下周圍，擺擺手，正色道：「我的祕訣就是經歷一次次絕望。」

「啊？」

全場譁然。

「各位可能不信，我能有今天，就是在絕望到想自殺的邊緣上搶回了我這條命。」他輕描淡寫地說。

讓他絕望到想自殺的那件事，是源於被信任的恩師所騙。

這位恩師，是他上大學時非常賞識他的一位老師。

他剛創業時，是和自己的恩師共同開發一個專案，恩師出技術，他出資金。他的資金，一大部分是父母把半輩子辛苦存的錢買的一套房子，抵押給銀行貸的款；另一部分是女朋友家人和親戚朋友們湊的血汗錢。

那時他帶著對恩師的信任，帶著對父母的負疚，帶著對親朋好友的感恩，帶著對自己美好前程的嚮往，他把全部的精力都用在創業上。他經常通宵達旦地加班，工作起來經常忘了吃飯。

上天是不會辜負任何一個付出者的。

他們的專案即將研製成功時，他獲取到一個令他絕望的消息：他競爭對手的企業，已經早他們一天把這個專案公布於眾了，同時申請了專利。

「我當時半天沒有了知覺，眼前反覆出現我徹夜工作的一幕幕情景。我想啊想，連眼淚都沒有來得及流。」他平和地說，「我癱坐在辦公室時，第一次有了自殺的念頭。」

他的辦公室在大廈的 22 樓，他看著窗外，心想：「我用三年的時間，把我和恩師的心血、把最愛我的親人朋友的錢，全部拱手讓給了我的『敵人』。如果我從陽臺上跳下去，所有的痛都將解脫。可我留下的這個爛攤子，將會給我的親人們第二次傷害。」

他最終沒有跳下去。他剛把「自殺」的萌芽扼殺，再次得到的消息讓他完全麻木：原來是恩師出賣了他們的專案。

　　他用一週的苦思冥想來說服自己不要上了死神的當。一週後，他重新振作，還是在親朋好友的幫助下，他在半年時間內徹底斷了自殺的念頭，用一年半的時間遊說風險投資來投資他的新專案。

　　他的故事講完了，全場再次寂靜。他的聲音出奇地平靜：「朋友們，我的祕訣就是經歷絕望，只有經歷過絕望，你才明白，這個世界上除了寶貴的生命和對親人的愛，什麼都是小事。當你從想死的絕望中走出時，你以後遇到再大的挫折都不會絕望，而是想辦法從絕望中找希望。請牢記，舉世的絕望，能帶給你淒美的成長！」

　　全場響起雷鳴般的掌聲。

　　絕望本身就是一種偉大的力量。那是因為既然你在經歷絕望，說明你沒有被絕望打倒。縱觀中外古往今來的成功者，幾乎無一例外都經歷過絕望。是一次次痛到心底的絕望，豐富了他們的精神世界，強大了他們的內心，讓他們得以快速地成長。

　　我們平時在電視或是媒體上看到一些成功者，他們一臉平和地笑，他們在面對媒體記者尖銳的問題時，睿智地回答，都是絕望給他們的回報。所有的光明都來自於黑暗，所有的風光背後，都經受過絕望的煎熬。所以，不管你處在什麼樣的絕境、困境中，都要堅信自己的力量，只要你不倒，那麼你就能在這世間創造最大的奇蹟！

人人生為肉體凡身，原本沒有什麼不同，是我們在絕望面前所做的選擇，是我們在經歷絕望時的成長，才讓我們有了自己的個性，有了屬於自己的人生。

在美國，有一位窮途潦倒的年輕人，他經常面臨著無錢吃飯。卻喜歡上了演戲。他在忍飢挨餓的情況下寫著一部部劇本。

為了能有機會進入這個圈子，他仔細研究過，好萊塢一共有 500 家電影公司。後來，他根據自己認真劃定的路線與排列好的名單順序，帶著自己寫好，量身訂做的劇本，去拜訪這 500 家電影公司，遺憾的是，500 家公司中沒有一家願意聘用他。

面對這 500 多次的拒絕，他有過放棄，有過絕望，但他在絕望後，開始尋找解決的辦法。他堅信自己寫的劇本是最好的。

既然是好劇本，就經受住考驗。於是，他擺平心態，繼續第二輪的拜訪，這次跟第一次一樣，他面對的依然是拒絕。

在經歷了第一次絕望後，他變得異常堅強。他接下來要做的是第三次拜訪，依然是拒絕。他又繼續第四輪拜訪，當拜訪完第 349 家後，第 350 家電影公司的老闆居然破天荒地答應看他的劇本，並說看完後惠回覆他。

幾天後，這家公司請他前去詳細商談。

一切在他的預料之中，這家公司決定投資開拍這部電影，並請他擔任自己所寫劇本中的男主角。這部電影名叫《洛基》（*Rocky*）。

他就是席維斯‧史特龍（Sylvester Stallone）。他拍的這部叫《洛基》的電影上映後，他和這部電影一舉成名。

與一般人相比，經歷過絕望的人，往往能夠更加理性，也較一般人更加成熟。經歷過絕望的人，才能夠正確的認識自我，在這個競爭激烈的社會中，我們每天都會面臨著很多的風險，一不小心，就會被社會所淘汰掉。

我們只有經歷過舉世的絕望，才能看到美好的希望；只有在數九寒天的黑夜裡捱過凍的人，才能真正體會到陽光的溫暖；只有墜入無盡的虛無之中，才能體驗到這個世界的美好之處。一個人不一定非要行走在高原大漠，但內心一定要海闊天空！

所以，無論你的生活多麼糟糕，無論你經歷過怎樣的絕望，都要告訴自己，與其靜等滅亡，不如努力打拚，相信你一定能迎來人生的大逆襲、大逆轉！

世間不如意事，十之八九，唯有自己強大的內心，才能拯救自己於水火。

我在剛創辦公司的時候，我一個人身兼多職，每天開著我那輛二手車，穿梭在市區的高級樓宇間。

在半年時間裡，我被拒絕過很多次，有的公司連門都不讓我進，那段時間，我有過絕望。但我心中很清楚自己要做的事情，也堅信自己做的是正確的事情。我必須調整好心態，才能跟客戶進行良好的溝通。

　　我開始改變我的工作方式，我細讀產品說明書，分析每個目標客戶，還針對我拜訪過的客戶，進行了對話整理。我把跟不同客戶溝通順利的談話內容做了調整。這樣下次再見到客戶時，我會根據情況來跟他們談話。

　　事實證明，我研究了新的行銷方案後，我的工作變得出奇地順利。

　　這就是絕望帶給我們的改變，它讓我們不斷地尋找應對絕望的方法，讓我們在解決問題的過程中成長。

　　我的一個朋友說過，擺脫絕望最好的辦法是變得勤勞，即「多動腦、多動心思、多行動」。的確，當我們絕望時，會變得很「懶」，我們腦海中每出現一個辦法，但因為害怕失敗，就迅速地否定它。否定的次數多了，我們就會否定自己，從而拒絕成長。

　　羅蘭（Romain Rolland）說：「只有一種英雄主義，就是在認清生活真相之後依然熱愛生活。」無論是在生活還是在工作中，我們只有揮刀斬斷自己體內生根發芽的懶惰，斬斷阻礙自己前進的不自信，持續恆久地去做自己的事情，會讓我們發現更大的世界，同時讓我們像英雄一樣發出耀眼的光輝。

　　不管在什麼情況下，認定一件事後，只要還沒有到結局，你就得用一輩子的時間堅持去做，相信你在經歷人生的風雨之後，這個世界，會讓你看到美得絢爛的彩虹！

　　所以，我們要趁著青春好年華，好好經歷，好好爭取，好

好成長，我們要明白一件事情，只有全身心投入地去做，才能超越常人。這就是人們所說的「臺上十分鐘，臺下十年功」。別只看到別人拋頭露面的風光，也要明白，在臺下，也有你不曾看見過的十年孤寂、隱忍、修練、磨練，以及堅持。最後請你記住：

　　你要想成功，光有機會是不夠的，你既要把握住，更要讓自己學會在絕望中成長！

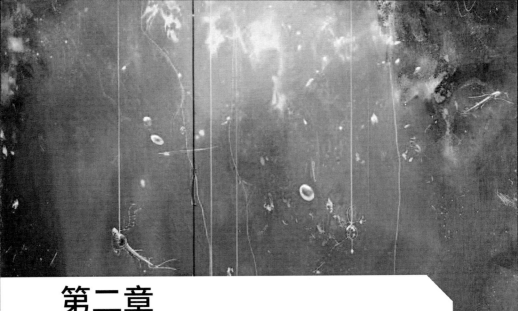

第二章
做一個孤獨的自律者

自律的最高境界是享受孤獨和自由

但凡成功的人，大多都是自律的人。他們數年如一日地嚴於律己，鑄就自己堅強的個性，讓自己變得堅韌不拔，最終成就偉業，做了自己的王。

律，法也，引申為「約束」。自律，就是自我約束，我們針對自身情況，以一定標準和行為規範指導自己的言行，是嚴格要求自己和自覺規範自己的一種意識和行為。

他是一名球員，由於身體瘦弱，背部神經還有著嚴重的傷病，所以，在體格健壯的球員中，他顯得是那麼格格不入。

剛進入球隊時，他不但外形條件不被人看好，球技也很差。很多人都認為，他在球隊待不了多長時間就會自動放棄的。然而，他接下來在球隊的表現，令所有的人驚訝不已。

他獲得了「連莊」MVP：連續兩個賽季的最有價值球員。這樣的功績，在歷史上只有十個人做到這點，除了他以外，其餘九個人是喬丹（Michael Jordan）、張伯倫（Wilton Chamberlain）等天才球員。

他就是史蒂芬·奈許（Stephen Nash）。前加拿大職業籃球運動員，場上位置為控球後衛，綽號「風之子」。史蒂芬·奈許在 1996 年 NBA 選秀中於第 1 輪第 15 位被鳳凰城太陽隊選中，1998 年加盟達拉斯獨行俠隊，2004 年重回鳳凰城太陽隊，在 2005 至 06 連續 2 年當選 NBA 常規賽 MVP，2012 年簽約

洛杉磯湖人隊。8 次入選 NBA 全明星陣容，7 次入選 NBA 最佳陣容，2 次奪得 NBA 全明星技巧挑戰賽冠軍，2007 年榮獲詹姆士‧華特‧甘迺迪公民獎（J. Walter Kennedy Citizenship Award），4 次入選「50-40-90 俱樂部」（50-40-90 club，俗稱180 俱樂部）。

　　事後，人們在分析他取得輝煌成績的原因時發現，這個史上「天賦最差的籃球巨星」，居然勝在高度的「自律」方面：為了保持健康的身體，他平日裡不吃巧克力、不吃高熱量的食品，甚至不沾糖、油炸和深加工食品；在訓練日裡，他一天吃六餐健康營養的食品，即麥片粥（不含穀蛋白）、杏仁切片、生堅果、水果、蔬菜、糙米飯、胡蘿蔔和生吃芹菜。

　　他用在別人看來「苦行僧」的飲食方式，幾年如一日地堅持著，結果是，他不但讓自己的身體變得越來越健康強壯，他在訓練方面也能做到自律：每天為自己制定了科學的作息表，一天訓練多少個小時，不練完就不允許自己休息。於是，就出現了這樣的情況：別的球員休息時，他在堅持訓練。

　　正是這種高強度的訓練方法，讓他從一名沒有「天分」，寂寂無名的球員，成為世界級的球員。

　　奈許的故事告訴我們，一個人要想成功，必須要學會自律。我這裡所說的自律，就是對自己高標準的要求。你在哪方面自律，就能在哪方面收穫成功：你想保持健康的身體，就得在飲食方面自律；你想學有所成，每天必須騰出時間來學習知識。

　　明朝的徐溥在求學期間，為了不斷檢點自己的言行，在書桌上放了兩個瓶子。當自己做了一件壞事，就在一個瓶子裡放一粒黑豆，做了好事就在另一個瓶子裡放一粒黃豆。開始時，黑豆頗多，黃豆寥寥。他深刻地反省，過了一段時間，黑豆黃豆各占一半。他再接再厲，律己更嚴，久而久之，瓶中黃豆半滿，黑豆屈指可數。憑著這種持久的約束，不斷修練自我，徐溥終於成為一代名臣。可見，自律是意志的考驗和磨練，自律的人在關鍵時刻和最後關頭必定堅持不懈、持久如一，甚至比平時更努力、更嚴苛，因為他們深知關鍵時刻和最後一分鐘的堅持，很可能是成功與失敗的關鍵所在。

　　自律是約束內心的一種能力，它要求必須時刻警醒自己，竭力與思想的傾向奮鬥，內心洞悉而練達、沉穩而睿智、淡定而從容，忍得住孤獨、耐得住寂寞、挺得住痛苦、頂得住壓力、擋得住誘惑、經得起考驗、受得起打擊。法律條文、道德規範都是「他律」，法紀制度規範是外在約束的根本，但不是自我內心的本真，只有出自個人內心的主動「自律」，才是實現自我發展的根本途徑。否則，一味地任由內心私欲膨脹、由著性子胡來，終會自毀前程。

　　有人說：「人的一生是為欲望而生的一生，也是與欲望抗爭的一生。」成功人士大多是自律的人，他們在面對誘惑的時候，表現得氣定神閒、胸懷坦蕩。

　　我有一位朋友，在現在的公司工作了十年。在十年當中，

他每天早上 4：30 起床做一天的工作計畫，即把這一天中要做的工作一項項列好。晚上 9 點，會按時寫工作總結，在寫工作總結時，他分兩部分：一部分總結快速完成工作的經驗，這樣下次再遇到同樣的工作時，他能夠快速完成；第二部分是把工作中遇到「難啃」的骨頭羅列出來，一一尋找解決的方法。

不管是節假日，還是在出差途中，他一天不落。擔心寫在電腦裡會丟失，所以他選擇用本子。整整十年中，他在別人睡覺、打牌、打電動、聊天時，堅持寫工作計畫和總結。其對時間的苛刻，讓很多人驚嘆。

他堅持的結果是什麼呢？

他從一個沒有經驗的業務員，到公司銷售的冠軍，用了一年時間；他從一個基層員工升到主管，用了半年時間；他從主管直升到公司副總，用了兩年時間；他從副總成為公司的股東，用了五年……現在，他是集團公司的合夥人、總裁。

這就是嚴格的自律帶給我們的成果。他曾經對我說過，在沒有寫工作計畫前，他換過 N 次工作，每份工作都是他主動辭職的，原因就是他做起來很吃力。他在反思後決定改變這樣的狀況，於是開始早起寫工作計畫、晚上寫工作總結。透過這一件事的自律，牽一髮而動全身，慢慢的，當他再改掉原來生活中那些不忍直視的惡習時，居然輕而易舉就遏止住了。

「說句實話，自律時我們所要面對的最大的問題，就是孤獨。你想啊，一個人每天一早一晚持久地重複做一件事情，確

實讓人感到枯燥無味。但自律就像蛻變的蛹，在經過一段漫長、痛苦或者前途未卜的經歷後成為美麗的蝶。一個人，只有經歷了前期的掙扎和錘鍊，才會體會到那份悠然自得的從容。」朋友意味深長地對我說。

朋友的比喻形象道出了一個人自律的重要性。任何一個想成功的人都要自律，不滿足眼前的一時之快、一時之樂、一時之美，而是著眼於如何避免未來損失、考量自身和整體的根本利益。

一個能夠自我約束和自我控制的人，在成功路上必定能抵禦種種誘惑，規避種種風險，開拓豁達人生。這樣的人，不與世俗之人為伍，能做到出淤泥而不染。從這一點來看，在茫茫人海中，自律者又都是孤獨者。他們之所以能夠在繁華的都市裡做到大隱隱於市，是因為他們嚴格的自律能力。他們不讓外界的「燈紅酒綠」擾亂自己，在享受孤獨的同時，能夠一心一意地清心寡慾之餘，做著自己喜歡的事情。

康德（Immanuel Kant）說：「我是孤獨的，我是自由的，我就是自己的帝王。」可以說，自律的最高境界是享受孤獨和自由。因為自律而孤獨，因為孤獨而成就最好的自己，讓自己成為一個自由的人。

微信（WeChat），已經儼然成為現代中國人溝通的主要方式了。當我們登入微信，會看到一個孤獨的人背對著我們看那藍色的星球。我曾經對這個畫面有過疑問，不明白微信的創造者張小龍，怎麼設定一個如此孤獨的畫面。後來我查相關的數

據得知，張小龍在創造微信之前，過了三年的孤獨歲月！事實上，張小龍本身也是一個沉默寡言、沒有其他不良嗜好的技術兼騰訊副總裁。

早在大學時代，很有頭腦的張小龍就是一個自律性極強、不愛說話的孤獨者。他幾乎把學習之餘的所有的時間都用在「搗鼓電腦」上。其他同學聚會聊天玩遊戲時，他卻在利用這些時間研究電腦。

正是因為不擅長與人打交道，他開發了很多需要藉助工具完成與周圍人溝通的軟體。在開發微信之前，他先後開發了Foxmail、QQ 電子信箱，這些產品都有一個共性：更好、更容易地與他人進行溝通。

不知道是哪一位哲學家說過：「世界上最強的人，也就是最孤獨的人。只有偉大的人，才能在孤獨寂寞中完成他的使命。」

外面的世界很精彩，燈火繚繞，美酒咖啡，混在其間的人，通常都是嚮往繁華和熱鬧的，因為要與各式各樣的人甚至於不喜歡的人打交道，所以，他們會戴上連自己也討厭的面具，這樣的人，是很難做真實的自己，更不會有時間過自己想要的生活。對於自律者來說，他們是不會走入這樣的場合的，也就不會有這種困擾。

孤獨是每個人與生俱來的特質。為此，卡夫卡（Franz Kafka）說：「儘管人群擁擠，每個人都是沉默的，孤獨的。」但如果我們學會讓自己的靈魂與孤獨相處，那麼我們就會把孤獨當成享受，當我們甘願與孤獨相伴，就會實現身心合一的自由。

你今天的優勢是昨天克制的劣勢

我覺得自律帶給我們最實惠的回報，是讓我們的劣勢成為優勢，使我們變成一個「完美」的人。為什麼這麼說呢？

我們先看一個故事：

一位處在青春期的孩子膽小自卑，害怕在超過兩個人的場合講話，更不敢跟人交往。父母認為他心理有問題，就帶他去看心理醫生。

醫生耐心地聽了孩子的「病情」後，他輕輕地握住孩子的手，親切地說：「恭喜你，有這麼好的優點。」

孩子一驚：「你的意思是，膽小是人的優點，那麼勇敢卻成為人的缺點了？」

醫生微微一笑，說：「不，勇敢是優點。而你膽小是因為謹慎小心，說明你做事牢靠，不容易出亂子。但因為勇敢會影響其他人，所以，人們更重視它。這就好比黃金和白銀，人們比較重視黃金。」

見孩子依然一臉困惑。醫生問道：「你喜歡囉嗦、嘮叨的人嗎？」

孩子搖搖頭。醫生溫和地說：「如果你看過巴爾札克（Honoré de Balzac）寫的小說，就會覺得這位大作家其實既嘮叨又囉嗦的，他在寫一個小細節時，會婆婆媽媽地講半頁紙。可是，這正是他作品的特點，我們能說這是他的弱點嗎？」

孩子天真地笑了，搖了搖頭。

醫生又問：「你是不是討厭醉鬼？」

孩子點點頭：「很討厭。」

醫生說：「可唐朝大詩人李白就是大酒鬼 ——」

孩子急忙打斷醫生：「不對，李白是愛喝酒的大詩人，他很多名詩都是酒後寫的呢。」

醫生讚道：「你說得很對。弱點在不同的人身上，會呈現不同的色彩：有的酒鬼就是一個酒鬼，喝醉了害人害己；但李白卻是棲身於酒中的詩仙。」

見孩子連連點頭，醫生接著說：「我覺得所謂人的弱點，其實就是一個營養不足的優點。比如，假如你是一個隨時要上戰場的戰士，那麼膽小就是弱點；但若你是一個司機、一個治病救人的醫生，那麼膽小謹慎就是可貴的優點。所以，你與其想辦法克服它，不如想辦法增長自己的學識、才幹，當你擁有足夠的見識、高遠的眼界和寬闊的胸懷時，即使你想當一個膽小的懦夫，都很困難。」

孩子聽後開心地笑著點了點頭。

從那以後，孩子回到家裡，開始為自己制定嚴格的「改變」計畫：每天在學習之餘要讀的書（規定自己早上大聲讀詩或是英文，提高自己說話能力），每週要參加的體育運動，每月要寫一篇文章發表在部落格上……為了配合計畫，他每天必須要有規律的作息習慣。

　　半年下來，他有了明顯的改變，廣泛的閱讀讓他博學多才，健壯的身體讓他變得開朗自信，他定期寫的部落格開始讓他有了跟他互動的粉絲。在不知不覺中，他已經成為一個健談、招人喜歡的陽光男孩，朋友也多起來。

　　是自律，讓故事中的男孩把他認為的劣勢巧妙地演變成優勢。由此來看，對於每個人來說，只要我們能夠認清自己，讓自己在生活中用「自律」來克制身上的劣勢，那麼終有一天，你的劣勢會成為讓你引以為豪的優勢。

　　梅花香自苦寒來，寶劍鋒從磨礪出。我們身上的每一個閃光點，都來自日復一日對自己「壞習慣」的克制，對自己「缺陷」的修復。這個過程是很艱辛、很磨人的，稍有放鬆就會前功盡棄。若你能夠堅持下來，那麼「自律」將會帶給你無窮豐厚的回報，甚至能夠改變你的命運。

　　在美國史丹佛大學附屬幼稚園（Bing Nursery School）的教室裡，坐著幾十個只有 4 歲的小孩，在他們面前的桌子上，各放著一塊棉花糖。

　　看著孩子們一臉驚喜地盯著桌前的棉花糖，老師說道：「這是我分給你們的棉花糖，現在我有事要出去，給你們兩個選擇，可以立刻吃掉，也可以等到我回來再吃。不過，能等到我回來吃糖的孩子，我會再獎勵他兩塊棉花糖。」

　　老師走後，這幾十個孩子開始了自己的選擇。

　　有一部分孩子無法抗拒糖果的誘惑，在老師走後不久，就

立刻吃掉了那塊棉花糖。另一部分孩子為了多得到兩塊棉花糖，他們選擇了與誘惑戰鬥，在等待老師回來的那段難捱時間裡，他們有的轉過頭不去看棉花糖；有的則閉上雙眼假睡；有的輕哼自己喜歡的歌來轉移注意力；有的則與小夥伴說話；有的趴在桌上呼呼睡覺……

總之，他們為了抵制棉花糖的誘惑，開動腦筋，根據自身情況，想了各式各樣簡單實用的小絕招。這些可愛的小孩子們，憑藉堅強的意志力，勇敢地戰勝了自我，當老師回來時，他們才大膽地去看桌上那顆屬於自己的棉花糖。他們在得到老師的表揚後，又獲得了兩塊棉花糖。

故事到這裡並沒有結束。在十幾年後，這些孩子進入了青春期，他們的表現迥然不同：

那些在 4 歲時就能夠為兩塊糖果而堅持等待的孩子，具有較強的競爭力、較高的效率以及較強的自信心。他們能夠更好地應付來自生活中的各種挫折和壓力。不管遇到多大的困境，他們都不會自亂陣腳、驚慌不安，不會輕易崩潰。因為他們具有較強的責任心和耐心，自信樂觀，辦事認真可靠，所以普遍容易贏得別人的信任。

而當年那些立刻吃了棉花糖的孩子，其中約有三分之一左右的人缺乏上述特質，心理問題也相對較多。在人際交往方面，他們羞怯退縮，自負又優柔寡斷；一遇到挫折就心煩意亂，把自己想得很差勁或一文不值；遇到挫折更是退縮不前或不知所措。

這就是著名的「成長跟蹤實驗」。心理學家米歇爾（Walter Mischel）從 1960 年代開始，對史丹佛大學附屬幼稚園的孩子們進行跟蹤研究，從他們四歲到高中畢業。這個實驗結果告訴我們，四歲的孩子當初做出怎樣的選擇，不但從一種角度反映出他的性格特徵，而且在一定程度上預示了他未來的人生道路。

用自律來克制自己性格中的「缺陷」，並且是越早越好，這非常有利於你以後的人生之路。泰戈爾（Rabindranath Tagore）說：「要進行嚴厲的自我克制，因為克制本身就可以作為一種精神寄託。」

通常人們所認同的劣勢或缺點，其實都是你變平庸的藉口，就算你擁有最好的競爭條件，藉口也會讓你缺乏自信，變成阻礙你前進的劣勢。

提到 NBA 的夏洛特黃蜂隊打球，相信很多人都不陌生。人們尤其喜歡看明星球員波古斯（Tyrone Bogues）上場的奮力演出，同時被他那高超的球藝所折服。

作為一個球員，波古斯的身材並不高，特別是在身高兩公尺都嫌矮的 NBA，身材矮小的他，就像一隻小黃蜂。

別看波古斯在身高上處於劣勢，但他卻是 NBA 表現最傑出、失誤最少的後衛之一，不但控球一流、遠投精準，就連他穿梭在高個兒隊員中帶球上籃也非常勇敢。當他在球場上像一隻鳥一樣自由穿梭時，臺下的人們都會忍不住地驚呼叫好。

波古斯自小就長得身材矮小，但他非常愛籃球，幾乎每天

都和同伴們在籃球場上玩。他夢想著有一天可以打進NBA，成為全國皆知的明星球員。

然而，當波古斯對同伴說：「我長大後要去打NBA。」

那時候，打NBA是所有愛打籃球青少年的夢想。當小夥伴們聽了波古斯這話後，會忍不住哈哈大笑，有的同伴覺得他在說笑話，他們認定這個只有160公分的矮個子，是絕不可能進入NBA的。

但是，波古斯並沒有理會這些嘲笑，他深知「個矮」的缺點，就堅持用更多的時間來練球，在日復一日的鍛鍊中，他不斷地利用自己「個矮」的缺點，在訓練中完善自己：他運用了自己個子矮小的優勢，行動靈活迅速，幾乎沒有失誤，而且正因為個子小，反而抄球更容易得手。

多年的苦練球的過程，不但讓他球藝大增，還讓他養成了善於總結的好習慣。最終讓他成為全能的籃球運動員，也成為最佳的控球後衛。

優秀的波古斯並不是天生的籃球好手。他之所以能有今天，是因為他超強的自律能力，這種自律能力表現在他苦練球技方面。他明知自己身體條件差，但他還是用自律精神，讓自己十幾年如一日地練習球技，最後靠著自己的意志與苦練，一步步地把劣勢轉變成了優勢，創造了球場上的另一個奇蹟！

一個人成功與失敗真正的差別，就在於有沒有努力前進的活力和動力。而這種活力和動力，需要有足夠的自律能力來堅持。

　　柏拉圖（Plato）說：「自律是一種秩序，是個快樂和欲望的控制。」當我們想要放棄時，我們可以問一問自己：「你在做什麼？你不能做什麼？什麼可為？什麼不可為？對你來說最重要的是什麼？」同時堅定地告訴自己：「學會嚴格要求自己，做一個自律的人！」

　　為什麼自律能夠帶給我們滿滿的正能力，是因為自律會讓我們在某一時刻，決定我們理智和行為，而不是我們的情感。自律雖然會讓我們失去很多「享樂」的時間，但卻讓我們摒棄了身邊存在的各式各樣的誘惑，例如電子遊戲的誘惑，網路聊天的誘惑，影視肥皂劇的誘惑……這些誘惑有時會讓我們獲得一時的放鬆和心情的愉悅，但這些誘惑就像魔鬼之手，會讓我們陷入其中不能自拔，嚴重地影響著我們的學習和生活。

　　我們可以想像，大千世界、五光十色，如果一個人缺乏自我控制的能力，就會讓自己墮落下去，到頭來一事無成、害人害己。

　　曾經有一位心理學家，為了考驗人們的自我控制能力，在金庫內門上放置了一把很容易撬開的鎖，並告知參與實驗的人金庫內有很多錢財。心理學家在暗中觀察時發現測試的人群中，有 3% 的人曾經有過開啟金庫門的念頭，1% 的人因為金錢的誘惑開啟了金庫門，而剩下 96% 的人，雖然都知道門鎖的安全度低，門後的錢財豐厚，卻都在自己的心中上了一把鎖，告誡自己，不可踰越自己的良心底線。

試驗中人們內心的那把鎖，就是一個人的自律能力。在我看來，自律能力是擋在我們心理底線和誘惑之間的鎖，自律能力差的人，是沒有鎖的。

「今天作業太多，隨便應付一下吧。」

「今天工作太累了，我就不健身了，打幾個小時的遊戲放鬆一下。」

「這幾天總是加班，晚上我得用美食來犒賞一下自己，吃它一個肚兒圓。」

「創業太辛苦了，人生短短幾十年，我還是不要這麼難為自己吧，生意這麼難做，我就不堅持了。」……

上面這些話，都是那些缺乏自律的人的藉口。他們這些放鬆和偷懶，在我們看來只是對一點小事的放棄，或許一開始不算什麼，可是一旦累積了太多這樣的藉口，而且成為習慣，那麼，這些壞習慣將伴隨他們一生，讓他們虛度大好光陰，成為一個碌碌無為的庸俗之人。

自律是源於我們內心的主動和自我的約束力。我們只有嚴格的要求自己，給自己制定合理的學習和生活規畫，堅持完成自己的計畫，透過自己的努力，就一定會有所收穫。

人生短暫，我們要想讓自己的人生過得有意義，就得嚴以自律、嚴格地克制自己，這樣我們才能把有限的時間放到更多有意義的事情上，讓我們的生活更有品質，同時，讓我們的生命按照我們想要的模樣燦爛地綻放！

管好善變的情緒，是你蛻變前的洗禮

我們人生各個階段的蛻變，都要經歷一場痛苦的洗禮，這場洗禮，最終帶給你的一定是成長……足以讓你的人生綻放出絢麗的色彩！

對於我們每個人來說，自律不但是一種美德，更是一種準則。可以說，自律是一名優秀人才必備的素養。

大凡自律的人，都是大智慧的人，他們給人的印象永遠都是一臉舒服宜人的微笑、開口說話也是口吐蓮花，對於任何人，他們都是彬彬有禮，讓你覺得如沐春風，感到自己得到了足夠的尊重。

中國現代著名歷史學家顧頡剛有口吃，再加上濃重的蘇州口音，他說話時很多人都聽不懂。

顧頡剛年輕時，有一次因病休學回家，同寢室的室友不遠千里坐火車送他回蘇州。室友們憂心顧頡剛的病，所以，他們在車廂裡都沒有說話的興趣。顧頡剛為了打破沉悶的空氣，就主動找人說話。他把目光投向鄰座一個和自己年齡相仿的年輕人身上，主動和對方打招呼：「你好，你也……是……是去蘇州的嗎？」

年輕人轉過臉看著顧頡剛，微笑著點了點頭。

「出去……求學的？」顧頡剛想讓對方說一句話，就又問。

可年輕人顯然並不想說話，只是保持禮貌的微笑點點頭。一時之間，雙方的談話因為對方的不配合陷入了僵局。

「你什麼……時候……到終點站呢？」顧頡剛不想讓自己繼續受此冷遇，繼續追問著。

年輕人依舊笑而不語。這時，顧頡剛的一位室友看不過去了，生氣地責問年輕人：「你這個人怎麼回事？沒聽見他正和你說話嗎？」年輕人並不生氣，還是報以微笑。

顧頡剛伸手示意室友不要為難對方。室友就不再理這個只會點頭微笑的木疙瘩，而是轉過身和身邊的朋友聊起來。

他們快到上海站準備下車的時候，顧頡剛突然發現那個年輕人不知什麼時候已經走了，果盤下壓著年輕人留下的一張字條：「兄弟，我叫馮友蘭。很抱歉我剛才的所作所為。我也是一個口吃病患者，而且是越急越說不出話來。我之所以沒有和你搭話，是因為我不想讓你誤解，以為我在嘲笑你。」

而馮友蘭，後來成為中國當代著名哲學家、教育家。

倉央嘉措說：「我以為別人尊重我，是因為我很優秀。慢慢的我明白了，別人尊重我，是因為別人很優秀；優秀的人更懂得尊重別人。對人恭敬其實是在莊嚴你自己。」

一個自律的人最大的特點，是能夠管理自己的情緒。不管發生什麼樣的事情，不管遇到什麼樣的人，甚至是有人故意挑釁他們，他們也不會為之所動，能夠做到鎮定，做到不發怒，這樣，他們才有時間讓自己冷靜下來處理事情，把事情做到更好。這樣的人，在管好自己情緒的同時，也樹立了自己的形象。

孔子說：「躬自厚，而薄責於人，則遠怨矣！」「躬」就

是反躬自問，「自厚」並不是對自己厚道，而是要對自己要嚴格。當別人做錯事，責備別人時，不要像對自己那樣嚴肅。只有嚴於律已、寬以待人，才能遠離別人的怨恨。

自律是一個人優良品格。一個人要擔負起責任，沒有這種品質是不行的。這是一個優秀的人才必備的素養，也是一個人成功的必備素養。

日本的松下公司（Panasonic）應徵一批推銷人員，考試是筆試和面試相結合。此次招募名額總共就十名，可是報考的達到幾百人，競爭非常激烈。經過一個星期的篩選工作，松下公司從這幾百人中選擇了十名優勝者。

松下幸之助親自過目這些入選者的名字，令他感到意外的是，面試時給他留下深刻印象的神田三郎並不在其中。於是，松下幸之助馬上吩咐下屬去複查考試分數的統計情況。

經過複查，下屬發現神田三郎的綜合成績相當不錯，在幾百人中名列第二。由於電腦出了毛病，把分數和名稱排錯了，才使神田三郎的成績沒有進入前十名。松下幸之助聽了，立即讓下屬改正錯誤，盡快給神田三郎發錄取通知書。

第二天，負責這件事情的下屬向松下幸之助報告了一個令人吃驚的訊息：由於沒有接到松下公司的錄取通知書，神田三郎竟然跳樓自殺了，當錄取通知書送到時候，他已經死了。這位下屬還自言自語地說：「太可惜了，這位有才華的年輕人，我們沒有錄取他。」

松下幸之助聽了，搖搖頭說：「不！幸虧我們公司沒有錄取他，這樣的人是成不了大事的。一個沒有勇氣面對失敗的人又如何去做銷售！」

傑克・威爾許（Jack Welch）認為，一名優秀的職員應該具備出色的自制能力，一個連自己都管理不了的人，是無法勝任任何職位的，當然，最終他也不會成為一名好職員。這句話同樣適用於我們做人方面：一個人，如果連自己的情緒都控制不了，即便給你整個世界，你也早晚毀掉一切！

一名初入歌壇的歌手，他滿懷信心地把自製的錄音帶寄給某位知名製作人。然後，他就日夜守候在電話旁等候回音。第一天，他因為滿懷期望，所以情緒極好，逢人就大談抱負。第十七天，他因為情況不明，所以情緒起伏，胡亂罵人。第三十七天，他因為前程未卜，所以情緒低落，悶不吭聲。第五十七天，他因為期望落空，所以情緒壞透了，拿起電話就罵人，沒想到電話正是那位知名製作人打來的。他為此毀了希望，斷了前程。

覆水難收，徒悔無益。我們在為這名歌手深深惋惜的同時，會更深刻地明白無法克制自己而帶給別人的傷害。

對於自制自律的問題，作家傑克森・布朗（Jackson Brown）曾經有過一個有趣的比喻：「缺少了自我管理的才華，就好像穿上溜冰鞋的章魚。眼看動作不斷可是卻搞不清楚到底是往前、往後，還是原地打轉。」

管好自己的情緒，是一個人蛻變前的洗禮，讓你成為一個嶄新的自己。只是，在管理情緒的過程中，會讓你經受一種煎熬，

但只要你堅持下去，將會讓你終生受益。我的一位員工，大學一畢業就在公司的銷售部門當銷售員，兩年後，他從一個沒有經驗的實習生成為年薪幾十萬的優秀員工。在總結經驗時，他說道：「我並沒有什麼經驗，只不過是懂得管理自己的情緒。」

下面，是他的經歷：

原來，他在兩年中，在打電話給客戶時，遭過 25,584 個客戶的拒絕；在上門拜訪客戶時，被 2,450 個客戶轟出來，被 3,267 個客戶罵得狗血淋頭；在跟客戶簽單時，他被 599 個客戶當眾指責、訓話，他始終是保持著禮貌的微笑，耐心地聽對方講話……

然而，正是有過這些痛徹心腑的經歷，讓他深深地懂得，一個管不住自己情緒的人會給別人造成什麼樣的傷害，他在心裡對自己說：「不管別人怎麼對待自己，都不會用同樣的方式對待對方。」

也正是這種痛苦的容忍和深切的感悟，讓他成長得很快──他變得非常有修養：面對千人千面的客戶，他始終是用謙卑和彬彬有禮的方式待人，從來不會發火。最終，他打動了客戶，他的客戶就像沙中淘的金子：對他死心塌地。客戶們對他的評價是：「他是一個非常值得信任的人，即便我們的產品再貴，客戶也不會計較，因為客戶相信他說的我們的產品品質好，就真的是一定好。」

一個人情緒失控後，在逆境中就會產生絕望感，缺乏繼續奮鬥的能力。為此，美國生理學家愛爾瑪（Elmer R. Gates）在研究情緒狀態對健康的影響時，做了以下實驗：

　　他把一支支玻璃管插在正好是攝氏零度的冰水混合物容器裡，然後分別注入人們在不同情況下的「氣水」，即用人們在悲痛、悔恨、生氣時呼出的水氣和他們在心平氣和時呼出的水氣作對比實驗。結果表明，當一個人心平氣和時呼出的水氣冷凝成水後，水是澄清透明、無雜質的；悲痛時呼出的水氣冷凝後則有白色沉澱；悔恨時呼出的水氣沉澱物為乳白色；而生氣時呼出的「生氣水」沉澱物為紫色。他把「生氣水」注射到大白鼠身上，幾十分鐘後，大白鼠就死了。

　　由此來看，一個人若長期被自己情緒失控的生氣水淹沒時，輕則在困難面前一蹶不振，重則搭上自己的生命。那麼，我們平時該如何管理自己的情緒呢？請看圖 2-3：

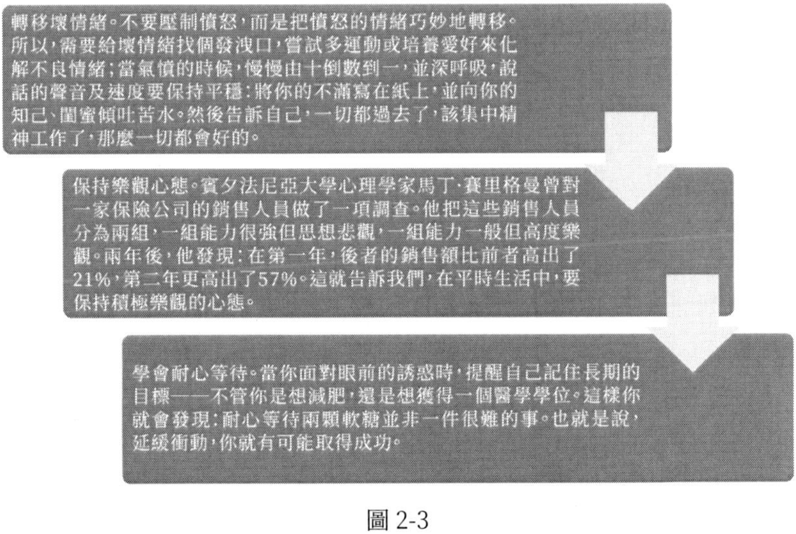

轉移壞情緒。不要壓制憤怒，而是把憤怒的情緒巧妙地轉移。所以，需要給壞情緒找個發洩口，嘗試多運動或培養愛好來化解不良情緒；當氣憤的時候，慢慢由十倒數到一，並深呼吸，說話的聲音及速度要保持平穩；將你的不滿寫在紙上，並向你的知己、閨蜜傾吐苦水。然後告訴自己，一切都過去了，該集中精神工作了，那麼一切都會好的。

保持樂觀心態。賓夕法尼亞大學心理學家馬丁·賽里格曼曾對一家保險公司的銷售人員做了一項調查。他把這些銷售人員分為兩組，一組能力很強但思想悲觀，一組能力一般但高度樂觀。兩年後，他發現：在第一年，後者的銷售額比前者高出了21%，第二年更高出了57%。這就告訴我們，在平時生活中，要保持積極樂觀的心態。

學會耐心等待。當你面對眼前的誘惑時，提醒自己記住長期的目標——不管你是想減肥，還是想獲得一個醫學學位。這樣你就會發現：耐心等待兩顆軟糖並非一件很難的事。也就是說，延緩衝動，你就有可能取得成功。

圖 2-3

自律能力在完善一個人的個性方面發揮巨大的正面作用。在職場上，如果一個人沒有自律的能力，那麼他在工作上的敬業程度就會大打折扣。一家大企業的人力資源經理說道：

我們的上班時間是8：30，有人8：20就到了，有人8：30到，也有人8：40才到。在平時看不出這三類人有什麼本質上的區別，但是在關鍵時刻，或許正是因為這遲到10分鐘的習慣，誤了大事。這其實就是每個人的自律能力不同導致的後果。

當你意識到自制自律的重要性，並在工作或是生活中加以實施時，那麼你會發現，你的工作習慣與生活習慣都會得到一定的提高。無論做什麼事，都會讓你有條理可循，做事穩重，不留後患，久而久之，你在同事與上司眼中，你是一個嚴格要求自己的優秀職員，是一個可以讓人放心的人。所以，你的老闆會放心地把重要的工作交給你去完成，你的同事也願意和你共同工作，並樂於與你交往。隨著你能力的提升，也將會為你贏得了晉升與加薪的機會。

而在生活中，說到做到、嚴以律己的你，在和人交往過程中會得到拓展，你的正面形象會讓更多的人喜歡你，在某種程度上，擴大你的人脈圈，這可能會為你帶來許多意想不到的成功機會。

總之，我們人生各個階段的蛻變，都要經歷一場痛苦的洗禮，這場洗禮，最終帶給你的一定是成長……足以讓你的人生綻放出絢麗的色彩！

你內心的溫度掌控成功的高度

　　一個有成就的人，其內心一定會用足夠的溫度來追逐所做的事業，他會跟隨內心直覺的勇氣，讓自己勇往直前地向著成功奮鬥。在他們眼裡，迎面而來的困難和坎坷，都是浮雲。他們的心裡是對事業一百度的熱情和喜愛，這種溫度，足以燃燒他們要做的事業了。讓他們有一種不達成功絕不罷休的霸氣！

　　自律的人，都是內心有溫度的人。這種溫度，是他們對生命和生活熾熱的愛。因為愛，他們才甘願犧牲一些「享受」時光，做一個堅守著積極奮鬥、不輕言放棄等擁有好習慣的人。

　　一個能夠把好習慣堅持下去的人，必定是一個懂得自律的人，他不僅是愛自己，也是愛生活的表現。他們為了讓自己變得更好，為了讓生活變得更好，他才選擇了願意改變自己。這樣的人，對任何事情都懷著飽滿的熱情。這種激情就是他們內心的溫度，這溫度不會因為受到挫折而有絲毫的減退。這就是為什麼成功者大都具有執著堅強的個性，他們一旦選擇了要做某些事情，是絕不會輕言放棄的。

　　從某種意義上來說，一個人內心有多高的溫度，就代表著他成功的高度。

　　比爾蓋茲（Bill Gates）從十幾歲就迷上了 Basic 程式設計，到現在他 60 多歲時，依然對電腦保持著濃厚的興致。即

便他已經是世界首富之一，但只要有人跟他講到電腦，他立刻會像孩子一樣激動不已。

是他內心深處對於自己職業的這種最頂級的熱愛，讓他在多年的工作中嚴以律己，不怕孤獨和寂寞，在別人「享受生活」時，他通宵達旦地工作，甚至睡在辦公室裡，可以說比員工還要敬業。正是這些原因，才讓他的事業達到了顛峰，獲得了斐然的成功；同樣是因為他對職業的愛，也影響到了他的員工。

目前，微軟的員工，都非常熱愛工作。

有一次，美國一位部長問比爾蓋茲：「我在微軟參觀時，看到每一個員工都非常努力，非常快樂。你們是如何創造這樣的企業文化的？」比爾蓋茲回答：「我們僱用員工的前提是，這個員工對軟體開發是有熱情的。」

比爾蓋茲所說員工的「熱情」，其實就是員工內心對於工作的熱愛溫度。對成功而言，熱情是必不可少的。

在平時生活中，我們內心的溫度，會影響到我們為人處事。當我們內心感到溫暖時，表現在臉上就是親切，人見人愛，遇到的事情自然很順利。由此來看，一個人所要達到的成功的高度，與他內心對於追逐成功的溫度是成正比的。

三國時期，有一個畫家叫曹丕興。孫權久仰其大名，便邀他前來，在屏風上作畫。誰知，曹丕興提筆時，不小心把一滴墨汁滴在屏風上。一旁眾人都大驚失色，為曹丕興捏一把汗。但見，曹丕興十分冷靜的注視著這滴墨汁，寥寥數筆，將其畫

成了蒼蠅。此時，孫權來到屏風前，以為蒼蠅是真的，就想用手去拂開，才發現這是曹丕興的畫作。

我們在追隨內心的過程中，不要過於緊張，不要因為一步走錯而患得患失。走錯了？沒關係！我們可以從頭再來，尋找另一個新的起點。生命之美就在於：只要我們用心地溫暖所愛的事物，那麼我們就不會做一些半途而廢的事情。

我們不能延長生命的長度，但卻可以拓展它的寬度；我們不能控制風向，但卻可以改變帆向；我們不能改變天氣，但卻可以左右自己的心情；我們不能控制環境，但卻可以調整自己的心態；我們不能改變別人的消極和拖延行為，卻可以用自律來嚴格要求自己，讓自己做一個積極向上的人。

當你想要做一個成功的人時，就得積極地做準備，堅持內心的欲求，並為成功做準備，比如多學習、多跟一些成功人交流，讓自己每天都保持著滿滿的正能量。天長地久，你就有了自己的主見和見解，內心也會變得很強大，這時，周圍一些消極的言論將不會影響到你。

人們在談論蘋果產品時，都會被其美觀的外型和內在的品質所折服，稱其是科技與藝術的結合，是技術與人文的結合。當蘋果系列產品問世後，人們開始把賈伯斯（Steve Jobs）與禪結合在一起。

1972 年，17 歲的賈伯斯從美國俄勒岡州里德學院（Reed College）輟學後，接觸到一本《禪者的初心》（*Zen Mind,*

Beginner's Mind）——日本禪師鈴木俊隆生前在美國教導禪坐時的講話集。其中有一句話是這麼說的：「如果你把每一天都當作生命中最後一天去生活的話，那麼有一天你會發現你是正確的。」

這句話讓賈伯斯恍然驚悟，之後的四十多年中，他每天早上都會問鏡子中的自己：「如果今天是最後一天，你還會去做計劃做的事情嗎？」當答案連續多天是「No」之後，他預知，生命中的某些東西要改變了。

1975 年，賈伯斯與朋友在一間車庫裡，創辦了蘋果公司。公司 10 年後發展成為市值超過 20 億美元的大公司。在研製第二代蘋果電腦時，習慣於禪坐的賈伯斯，感覺主機風扇發出的嗡嗡聲讓人心神難寧。直覺告訴他，使用者會和自己一樣，不喜歡這種噪音。他要求合作者重新設計，隨著設計複雜但容易冷卻的電池出現，問題最終得以解決。

1985 年，因為發展理念不同，蘋果公司把賈伯斯「炒了魷魚」。在失落中，賈伯斯看到了自己的「初心」，「成就一番偉業的唯一途徑，就是熱愛自己的事業。如果你還沒能找到讓自己熱愛的事業，繼續尋找，不要放棄。跟隨自己的心，總有一天你會找到的。」

有了這樣的信念，賈伯斯非但沒有被打倒，反而從另一個起點，來做自己的事業。在接下來的五年中，他進入一生中最有創造力的階段：先是創立了 NeXT 公司，接著又建立了

Pixar。Pixar 現在是世界最成功的動畫製作工作室,它出品了世界第一個電腦動畫電影《玩具總動員》(*Toy Story*)。

1993 年,迪士尼對 Pixar 製作的《玩具總動員》停止投資。賈伯斯的創業遭受重創。乙川弘文笑著對他說:「能將錯就錯,同樣是禪。」賈伯斯接受了眼前的事實,堅韌不拔地繼續做下去。

1997 年,蘋果公司收購了 NeXT。賈伯斯回歸之後的事情,iMac、iPod、iPad、iPhone 相繼問世。蘋果進入了輝煌的時代。

在生活、工作中,由於過分注重自我的主張,他有時待人暴躁,缺乏耐心。一個人心中有多麼熱愛一份事業,展現在行動上就是積極主動。在奮鬥的過程中不管遇到多大的阻力,他都不會退縮,而是始終如一地讓心的溫度溫暖著自己,溫暖著要鍾愛的事業。這份溫度,足以令任何企圖阻止他前進路上的「絆腳石」望而卻步。

一個有成就的人,其內心一定會用足夠的溫度來追逐所做的事業,他會跟隨內心直覺的勇氣,讓自己勇往直前地向著成功奮鬥。在他們眼裡,迎面而來的困難和坎坷,都是浮雲。他們的心裡是對事業一百度的熱情和喜愛,這種溫度,足以燃燒他們要做的事業了。讓他們有一種不達成功絕不罷休的霸氣!

驕傲是開在煎熬裡的曇花

　　每個成功的人背後都有一段很辛酸，受盡煎熬的故事，在煎熬的日子裡，他們嚴以對己，一心一意做自己喜歡的事情。也許就是因為這些煎熬，鍛鍊了他們的意志，磨去了他們的壞習慣，凝聚了他們的才氣，才使得他們得以成功！

　　1850 年 8 月 21 日，在巴爾札克的葬禮上，雨果（Victor Hugo）所致的弔詞中有這樣的話：「在偉大的人物中間，巴爾札克是最偉大的一個；在優秀的人物中間，巴爾札克是最優秀的一個……可嘆啊！這個堅強的、永遠不停止奮鬥的哲學家、思想家、詩人、天才作家。在我們中間，他過著風風雨雨的生活，遭逢了任何時代一切偉人都遭逢過的惡鬥和不幸。如今，他走了。他走出了紛擾和痛苦。」

　　巴爾札克是舉世聞名的偉大作家，但他的一生充滿坎坷。他在幼年時就缺乏母愛。家庭和母親對他冷酷無情。為此，巴爾札克在回憶這段生活，曾經說過：「我從來不知道什麼叫母愛。」「我經歷了人的命運中所遭受的最可怕的童年。」

　　缺乏家庭溫情的巴爾札克，並沒有因此而自暴自棄，而是立志從事清苦的文學創作。從 1819 年夏天開始，他每天都在一間閣樓裡伏案寫作。有人形容他所在的閣樓是咫尺見方，裡面除了一張床和書桌外，別無他物。當時正值夏天，閣樓密不透風，熱得像是蒸籠一樣。到了冬天，閣樓冷得像是冰窖。因

為沒有錢，他經常是餓著肚子寫作。

在條件如此惡劣的情況下，巴爾札克嚴格地要求自己：白天讀書，晚上寫作，一天只有幾個小時的睡眠時間，碰到靈感來時，他經常是通宵達旦。這樣的日子一過就是好幾年。

屋漏偏逢連夜雨，巴爾札克在與書商打交道過程中不斷受騙，他辛苦寫的稿子沒有稿費，曾一度讓他負債累累，債務高達 10 萬法郎。

為了躲避債務，巴爾札克有過 6 次遷居。他對朋友說：「我經常為一點麵包、蠟燭和紙張發愁。債主迫害我像迫害兔子一樣。我常像兔子一樣四處奔跑。」

即便已經到了人生的絕境，巴爾札克依然沒有放棄，在一波接一波的磨難中，他忍受著命運之神對他的殘酷考驗，在飢餓和壓力的煎熬中繼續寫作，當餓得寫不下去時，他就喝水，喝完水再寫。

巴爾札克一邊忍受貧困苦難日子的煎熬，一邊對自己更加嚴格，他從不跟人去娛樂，每天的寫作時間長達 18 個小時以上。他曾一句話概括自己：「一生的勞動都在痛苦和貧困中度過。經常不為人理解。」

巴爾札克用這樣的自律生活獲得了傲人的文學成就：在不到 20 年裡，他共創作 91 部小說，每一部小說都在世界上有廣泛影響。凡是讀過他小說的讀者，都會被其文字和故事深深感動。

　　然而，巴爾札克的輝煌成績，卻是在經歷痛苦的煎熬才得到的。他用了一生的貧困和痛苦換取了這些偉大的作品。

　　由此不難看出，一個人的任何成就，都必須經歷痛苦的煎熬。當我們看到一些人在某方面獲得成就，被很多人崇拜時，請一定記住，他們曾經受過這樣或那樣的磨難。

　　可以說，所有的人都是在經受煎熬，每個人要想獲得成功，成功之前的煎熬是必不可少的。正是這種痛苦無助的「煎熬」，讓我們的心理變得異常強大，讓我們的生命變得厚重起來。如果人的一生沒有一點挫折，沒有一點挑戰，那麼哪裡來的樂趣，哪裡來的成功？

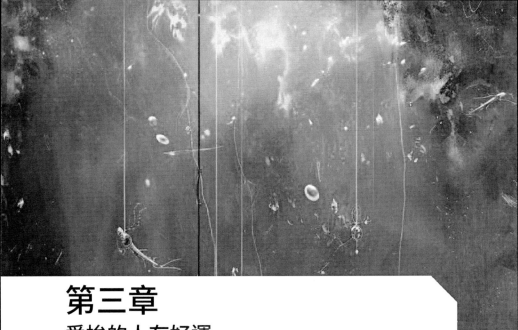

第三章
愛拚的人有好運

了不起的人都是愛拚的人

巴爾札克說：「拚著一切代價，奔你的前程。」

成功在於嘗試。只要我們永不放棄，勇於打拚，不斷嘗試，成功不會遙不可及，而是就在我們腳下。

我有一位朋友，才四十多歲，是某投資集團的董事長。看他這四十年的人生經歷，堪稱是一部勵志大片。

他出身農家，父親早逝，高二時因家裡經濟拮据，身為家中長子的他，為了讓弟妹上學，就輟學到城裡工作賺錢。他到工地搬過磚、挖過煤、做過裝卸工、擺過地攤等苦力活。他把賺到的錢幾乎全寄回家裡，給弟妹交學費。他在繁重的工作之餘堅持學習，在五年當中，他不但用苦力賺的錢供弟妹上學、接濟家裡，自己還上完了四年自考的大學。

他三十歲時，等弟妹們大學畢業後找到工作，他也存了一筆讓母親養老的錢，自己決定創業。

這時的他，靠著自己的打拚，已經是一家外商企業的高級主管，年薪達七位數。這樣的工作令很多人羨慕不已。聽說他要辭職創業。他的老闆、朋友、家人都勸他別冒這個險。

他說：「有許多事情，不去做，怎麼知道是冒險。我十六歲離家時就一無所有，哪裡會想到有今天。所以，還是要拚一拚，試一試，才會發現這個險是不是冒的值。」

就這樣，他從一個開著豪車上班的外商高級主管，成為一個

只有兩三個員工的私人公司老闆。起初，他攬下了公司的所有工作：各地跑業務，為了省錢，他住最便宜的旅館，吃最便宜的飯菜。最慘的一次是他的錢包被偷後，他靠著五元錢過了四天。

十多年後，他的公司在美國上市。而他，則成為擁有百億身家的董事長。

是什麼神奇的力量和信念支撐著他一步步走向今天？他的回答是兩個字：愛拚。

他多次對我說：「有很多人把別人的成功歸為拚爹拚家世。我不這樣認為，其實，一個人的命運，有一部分是需要靠自己不斷地打拚來改變的。生命在於運動，成功在於打拚。」

在生活中，我遇到過很多白手起家的客戶，他們的成功就像圖 3-1 這個數學公式一樣：

圖 3-1

的確，在我們創業的路上，家境好一點能夠讓我們更省一點力。但是，這只是讓你省一點力氣而已。根本無法讓你收穫到真正的成功。

更重要的是，不用自己去拚得來的財富，在你這裡也是待不長久的。我們想要更大的成功，想要讓自己真正感受到成功的快樂，必須靠著自己去打拚。那些成天抱怨自己不是富二代

的人，永遠不會成功。他可能從來沒想過，這些白手起家的成功者，有的家境還不如他們呢。他們成功只是因為他們身上的某種能力和努力。

打拚是一種向上的姿態，也是一個超越自我的過程。打拚，意味著付出，但大到國家，小至個人，無不在打拚中展現自我，提升自我，超越自我。人，需要不斷「重新整理」自己，否則你將全被這知識爆炸的時代所淘汰。我們不能夠平庸地混過一生，找到自己的人生目標，為之打拚吧。

在硬骨魚類的腹腔內，幾乎都有鰾。魚鰾產生的浮力，使魚在靜止狀態時，自由控制身體處在某一水層。此外，魚鰾還能使魚腹腔產生足夠的空間，保護其內臟器官，避免水壓過大，內臟器官受損。因此，可以說魚鰾掌握著魚的生死存亡。

可有一種魚卻是驚世駭俗的異類，它天生就沒有鰾！而且分外神奇的是，它早在恐龍出現前三億年前就已經存在地球上，至今已超過四億年，它在近一億年來幾乎沒有改變。牠就是被譽為「海洋霸主」的鯊魚！英雄的鯊魚用自己的王者風範、強者之姿，創造了無鰾照樣追波逐浪的神話。

然而究竟是什麼讓鯊魚沒有鰾在水中仍然活得遊刃有餘呢？經過科學家們的研究，發現因為鯊魚沒有鰾，一旦停下來，身子就會下沉。它只能依靠肌肉的運動，永不停息地在水中游弋，保持了強健的體魄，練就一身非凡的戰鬥力。

原來正是鯊魚的天生缺陷，使牠只能不息地奮力遊動，反而造就了牠的強大。鯊魚無鰾，是牠的悲，也是牠的喜。

由此可見，一個真正經得起失敗打擊的人不會因為成功在召喚時才努力，一個越了不起的人越拚，他深知生命的美在於勇戰人生，生命唯有在打拚中才能釋放其無限精彩。成長的路上，越難走的路我們越要走下去。人生需要不斷克服困難、戰勝困難，方能享受那苦盡甘來的快樂。

泰戈爾曾說：「生如夏花之絢爛，死如秋葉這靜美。」人活著要活得轟轟烈烈，死要死得其所。這樣我們才不枉來世一遭。

人生的道路不是平坦的大道，坎坎坷坷，總有千難萬險在阻擋，一帆風順的人生是不存在的，人的一生更不是充滿讚揚和滿載鮮花的過程。任何一個成功者，其輝煌壯麗的一生都是歷經艱險、曲折和磨難創造的。我們要想在短暫的生命中，擁有一個與別人不一樣的人生，就必須不斷的打拚，不斷的努力，不斷的改變自己，不斷的把自己變得更強大，方能讓自己摘取成功的「桂冠」。我這裡說的成功的「桂冠」，並不是單純地指要獲得財富和金錢。有時候，我們在打拚的過程中，會收穫強大的精神力量，這種力量，能夠讓我們成為一個內心強大的人！

陽光總在風雨後。也許你此時正在經歷著人生的風雨，品味著打拚的辛苦，體驗著生命中不能承受之重；也許你正在彩虹下，享受著打拚後的喜悅……不管你身在哪種環境裡，我都要告訴你：不管你是在打拚的路上，還是已經在享受打拚後的成果。都不要氣餒，不要鬆懈，咬緊牙關，繃緊全身，繼續上路去拚——因為生命的價值在於打拚，青春因打拚而精彩！

成熟就是把滄桑打碎吞進肚子裡

　　我 30 歲那年的秋天，有位記者採訪我，採訪結束時，他突然問道：「紀總，您的年齡比我小，可您的舉止談吐之間，卻給人一種成熟穩重，讓人有安全感的印象。您能告訴我是怎麼做到的嗎？」

　　我微微一笑，說道：「我定義的成熟，您或許不會認同的。我認為的成熟，無怪乎是把過往不堪回首的往事，把過往的滄桑，在無人之時，嚼碎後默默地嚥到肚子裡去。」

　　聽了我的話，他剛才還在微笑的臉，被驚奇所代替，過了好一會兒，他才幽幽地說：「紀總，您說得沒錯。」

　　我喜歡讀書、思考，加之又過早地走上創業之路。親身經歷過很多世事，我深切地感受到：每一個繁花似錦，都是經歷了暗潮洶湧；每一個鮮豔奪目，都是經歷了風雨無阻；每一個風光無限，都是經歷了黯然神傷。所有的一切，只有經歷過的人，才更懂得背後的力量。

　　在生活中，正是由於我們吃苦的程度不一樣，風光程度也會有所不同。所以，越能給自己加碼吃苦的人，將來越能風光——付出得越多，收穫也會越多。這是奮鬥路上互古不變的真理。

　　幾年前，我拜訪一位金融界的前輩。他的書桌上，擺放著他手寫的那本厚厚的自傳和檔案，不由得很驚訝，問道：「您

怎麼不用電腦？」

他溫和地說：「七年前，我的前任祕書，把我的電腦弄丟了。」

我不假思索地說：「可以再買一臺啊。」

他笑了，說道：「祕書弄丟的那臺電腦裡，不但有我寫了十幾年的自傳，還有公司許多商業機密。」

我一驚，他淡淡地說：「不久，我得知電腦落到了競爭對手那裡。那一次丟電腦，讓我的公司險些破產。」

「祕書是不是故意 ——」

「事情發生了，所有的猜測沒了作用。」他心平氣和地說，「祕書的伴侶臥病在床，他的女兒面臨中考。我寧願相信他是不小心弄丟電腦。因公司即將破產，就給了祕書一筆錢勸他另謀職業。」

我再驚：「您，還這樣對待 ——」

他爽朗一笑：「還好，我有一點經驗，更可喜的是，我這個人就是厚臉皮，在失敗面前特喜歡逞能，這不，拚來拚去，公司在幾年後就轉危為安了。不過，自此後，我就習慣了用手寫東西。」

當時，我看著前輩那一臉大度的笑，想著業內傳頌著他溫暖的創業故事，內心無法平靜。怎麼也會想到，若干年前，他曾經被自己的祕書無情地「背叛」。而他，卻能夠在公司面臨破產之時，還在為「背叛」者著想。看來，一個成熟的人，都

是把過往的痛嚼碎後嚥到肚子裡，成為現在的寬容大度、一笑泯恩仇的人。

1982 年的一天，澳洲墨爾本，一個新生命呱呱墜地。可他帶給父母和所有人的不是喜悅，而是極度的震驚：他竟無手無腳，只有一個小小的左腳掌及其相連的兩個腳趾頭！童年，小朋友們的嘲笑、自卑和孤獨成了他的家常便飯。10 歲時的一天，他甚至試圖在家裡的浴缸自殺。

經過多少次艱難的抉擇，他終於拾起了堅強與愛，並開始適應自己的生存環境。心之所願，無事不成，他不但學會了刷牙、洗頭、打電腦，甚至能像常人一樣玩滑板、游泳、踢球、釣魚、騎馬，甚至是開快艇……而能做到這些，並不是靠練習一兩百次就可以成功的，而是需要常人難以想像的堅韌和不停息的努力。

19 歲那年，學校舉辦的一場演講令他深受感動，一個大膽的想法突然像陽光一樣照亮了他的心：我也要學習演講，給更多的人帶來希望！他不斷嘗試，每一步都那麼艱辛，但又是那麼堅定！

生活上、事業上他都逐步將自己磨礪成了強人。

如今，這個才 28 歲沒有手和腳的年輕人拿到了兩個大學學位，獲得了澳洲「傑出澳洲青年獎」。同時是銀行家、CEO、演說家。他已在 20 多個國家進行演講，與數百萬人分享了自己的故事、經歷。他不但自己成為了一位「三尺巨

人」，更激勵無數身陷困境中的人重新燃起了希望之火！

他的名字像他燦爛的笑容一樣深深刻進了人們的心裡：尼克‧胡哲（Nick Vujicic）。

每個看似快樂自在的人，都經歷過不為人知的黑夜；每段瀟灑風光的生活，也可能有你看不見的滄桑。差別只在於，是萎靡不振地活著，還是從那些千瘡百孔中走出自己的人生。不需要羨慕嫉妒恨別人的收穫，也別去抱怨自己的一事無成，這不過都是你曾經的選擇。

人生的起跑點，其實每個人都是差不多的。之所以後來有的人成功了，是因為他們能夠 在困難中奮勇努力、勇往直前；而沒有成功的人，大多是因為逃避了現實給他的待遇，卻只能一輩子平庸地過日子。

所以，千萬不要嫉妒別人在你面前的無限風光，那都是他們吃了許多苦才換來的。他們在打拚的過程中，不知道歷經了多少的磨難和艱辛，不知道吞嚥了多少委屈和傷心的眼淚，才讓他們變得堅不可摧。他們的成功經歷，就像我們經歷的季節，嚴冬後才是春天，風雪過後才是豔陽天。

當你看到那些有風度的成功人士時，要知道他們其實比任何人都辛苦；在他們之前是歷經了多少的磨難才有今天的成就。這種辛苦，你不去經歷，是永遠無法體會到的。

成功沒有快車道，幸福沒有高速路。成功不是一天兩天就能成的，都是來自不倦的努力與奔跑；幸福不是平白施捨與

你，而是來自於自己的奮鬥和堅持，是要靠自己爭取的。

　　每個人都有自己的夢想，有的人實現了，但有的人卻不能實現。他們之間的差別就在於，前者在看清現實後依然勇敢前行，即使遇到再大的挫折、再大的委屈，也不會放棄，直到成功為止；後者則是在困難和挫折面前選擇退縮。

　　一個人要享受多少榮華富貴，就必須承受與之對等的委屈和痛苦。那些靠著祖上繼承來的財富，遲早會離你而去的。創業容易守業難，說的就是這個道理。所以，我們要時刻提醒自己，不要活在自己童話的夢幻中，要看清現實，擺正態度，勇於面對殘酷的現實世界。

　　當我們把所受的痛苦嚼碎嚥到肚子裡時，這些痛苦會變成一種巨大的精神力量，讓自己變得強大起來。你一定要知道，正是這些沒有把我們擊垮的磨難，才讓我們變得越來越強大。

　　現在，請讓我們開啟我們愛拚的旅程，相信我們的人生會因為愛拚而變得無比豐富多彩起來！

磨難的路上站著好運

邱吉爾（Winston Churchill）告誡我們：現實世界無時無刻，不存在困難和風險，對於困境，退縮只是會導致更大的失敗。我們只有勇於面對困境，並且積極進取，才能「柳暗花明又一村」，遇到你渴望以久的「好運」，收穫你夢寐以求的希望！

愛默生（Ralph Emerson）說：每一種挫折或不利的突變，是帶著同樣或較大的有利的種子。人的才能不是天生的，是靠堅持不懈的努力，靠勤奮換來的。舉世矚目的科學家史蒂芬‧霍金（Stephen Hawking）就是很好的例子。

霍金 1942 年 1 月 8 日出生於英國的牛津，他年輕時就生患絕症，然而他堅持不懈，戰勝了病痛的折磨，成為了舉世聞名的科學家。

霍金在牛津大學畢業後即到劍橋大學讀研究生，這時他被診斷患了「盧‧蓋瑞格症」（Lou Gehrig's Disease），不久，就完全癱瘓了。1985 年，霍金又因肺炎進行了氣管切開術，手術後，他完全不能說話，只能依靠安裝在輪椅上的一個小對話機和語言合成器與人進行交談；看書必須依賴一種翻書頁的機器，讀文獻時需要請人將每一頁都攤在大桌子上，然後他驅動輪椅如蠶吃桑葉般地逐頁閱讀……

但霍金不會因為小小的病痛折磨而放棄了對學習的渴望，

他正是在這種一般人難以置信的艱難中，成為世界公認的引力物理科學巨人。霍金在劍橋大學擔任牛頓曾任職過的盧卡遜數學講座教授之職，他的黑洞蒸發理論和量子宇宙論不僅震動了自然科學界，並且對哲學和宗教也有深遠影響。霍金還在 1988年 4 月出版了《時間簡史》（*A Brief History of Time: from the Big Bang to Black Holes*），已用 33 種文字發行了 550 萬冊，如今在西方，自稱受過教育的人若沒有讀過這本書，會被人看不起。

磨難是成長之路的必經之點，磨難是使人成功的試金之石，磨難是催人上進的鞭策之繩。歌德（Goethe）說：大禍過後，必有大福。

在人生當中，總是有著不如意，更是有著難以預料的苦，也有著不可避免的難。正如巴爾札克所說「苦難是人生的老師」一樣，苦難讓我們飽受身體之苦，卻教給我們生活的智慧，讓我們從苦難中尋找出路，而尋找出路的過程，正是開發我們智慧的過程。當我們尋好了衝破磨難的出路，就會迎來好運，收穫意想不到的成功。

正因如此，我們才應該在苦難中有所收穫，將苦難視為重要的老師。苦難之後，必有各式各樣的收穫。不凡者就像唐僧取經一樣，在經歷九九八十一難後，方能取得「成功」的真經。

1930 年 3 月，在美國田納西州的一個街道上，一個四十多

歲的中年人，正掙扎在飢餓的邊緣。

在此之前，他是一位出色的售貨員，曾經為田納西的無數個商店賣過商品，他的行銷策略為他們帶來巨大的商機和利潤，遺憾的是，一次意外的失誤，讓他葬送行銷之路。

一貧如洗的他在走投無路時，驚喜地發現一家小餐廳的外面掛著應徵廣告。他過去一看，上面寫著要招收廚師，薪水卻很低，一年的薪資還不如他以前一個月的多。

迫於生計，他顧不上那麼多了，就去應徵，對方見他要求不高，就一口答應了。

他在這裡的任務是烹製雞塊，雖然是他以前沒有做過的產業，但他一學就會。他按照人家的配料把雞塊扔進鍋裡煮，熟了後就把它撈出來，整個過程十分簡單。

和他一起工作的還有三個人，這三個人很懶。見他是新員工，就欺負他，把全部工作變本加厲地給了他。他想到自己剛來，沒有資格推託，就忍氣吞聲地埋頭苦幹。

幾個流程下來，他很快掌握了煮雞的整個過程，他經過思考，覺得這種做法是有問題的，他曾經嘗過用這種方法製作成的雞塊，沒有一點香味，也就導致了這家餐廳生意慘淡。

他向老闆提建議，提出要改善一下配方，多加一些香料或者其他調味料，老闆卻聽不進去，告訴他：「你的職責是製作雞塊，這些不是你考慮的，不要多管閒事，我這裡可是祖傳祕方，不會有錯的。」

　　他的好意換來老闆的指責，讓他很氣憤，本想辭職離開，但一種鑽研的思想還是使他留了下來，他在心裡想：「在這裡雖然很苦很累，但如果我學著把炸雞炸好，那麼也算是找到了一條屬於自己的奮鬥之路了。」

　　有了這種想法，他就在繁忙的工作中鑽研把雞炸香的祕方，他利用別人休息的時間到廚房裡鑽研，嘗試著在雞塊上加一些其他的香料。

　　有一天，他無意中把一塊雞腿掉進正在加熱的油裡。他緊張極了，因為老闆說過油是不能夠隨便浪費的，一旦發現就要被罰款或者扣掉薪資。還好沒人發現，他趕緊撈出雞塊，但扔了可惜，他就扔進嘴裡，一個奇蹟出現了，他感覺無意中炸出的雞塊香辣可口，他覺得成功在向自己招手。

　　經過無數次的研製，他在 1932 年的 6 月推出了一種新型的速食食品 —— 炸雞。很快，這種食品適應了人們快節奏高效率的生活方式，開張不到一年，它的聲響便傳遍了他的家鄉 —— 肯塔基州。

　　為了增加營業範圍，他擴大了經營路線，並把人人喜歡吃的麵包和炸雞融合在一起，不但滿足了人們喜歡甜食的需求，還可以讓人們根據自己的口味來選擇吃法。

　　他就是肯德基的創始人桑德斯上校（Harland Sanders）。多年後，當他說起自己的成功時，他只說了一句話：「我相信苦難，因為苦難是一種人人敬而遠之的味道，但我喜歡將它夾

在麵包裡慢慢品嘗。」

現在，肯德基已經遍布全球 80 多個國家，目前擁有超過 9600 家連鎖店，在這個地球上，幾乎每天都有一家肯德基店開張。

人的一生總會有讓自己覺得撕心裂肺的苦難，試想一下，自己度過了這麼難熬的日子，那麼以後，不管遇到再大的苦難，你是否都會在心裡暗暗地激勵自己：「曾經那麼難熬的日子我都挺過來了，現在我還怕什麼呢？」

邱吉爾告誡我們：現實世界無時無刻，不存在困難和風險，對於困境，退縮只是會導致更大的失敗。我們只有勇於面對困境，並且積極進取，才能「柳暗花明又一村」，遇到你渴望以久的「好運」，收穫你夢寐以求的希望！

很多時候，在我們看似是萬劫不復的苦難，也許只是上帝跟你開的一個玩笑。上帝他老人家經常會在你疲憊不堪時，給你一個小驚喜，這種驚喜就是你想要的「希望」，一旦實現，就是好運。所以，無論你走的路有多麼難走，都要相信，這一切一定會過去的！一切都會好起來的！當將來有一天，你回頭看的時候，你就會發現，當初的迷茫也不過是一瞬間的徬徨，你現在走的路才是最正確的，繼續走下去，你將會收到上帝給你準備的驚喜和好運⋯⋯

敢跟困難「拚命」的人贏好命

生命力是一種神奇的東西，你若經常用你的生命力對付呼嘯而來的困難和痛苦，那麼你的生命力就會越變越強大，讓你輕而易舉地掃清阻擋你前進路上的絆腳石。久而久之，你的強大會讓困難見到你就躲。

面對困難，敢跟困難拚命的人，能夠改變命運，贏得好命。

國中畢業後，華羅庚曾入上海中華職業學校就讀，但仍因無力支付雜費而中途退學，故一生只有國中畢業文憑。

此後，他開始頑強自學，他用 5 年時間學完了高中和大學低年級的全部數學課程。1928 年，他不幸染上傷寒病，靠妻子的照料得以挽回性命，卻落下左腿殘疾。20 歲時，他以一篇論文轟動數學界，被北京清華大學請去工作。

從 1931 年起，華羅庚在清華大學邊工作邊學習，用一年半時間學完了數學系全部課程。他自學了英、法、德文，先後在國外雜誌上發表了多篇論文。1936 年夏，華羅庚被保送到英國劍橋大學進修，兩年中發表了十多篇論文，引起國際數學界讚賞。1938 年，華羅庚訪英回國，在昆明郊外一間牛棚似的小閣樓裡，他艱難地寫出名著《堆壘素數論》。

華羅庚能夠改變自己的命運，是因為他勇於跟困難「拚命」。在最好的年華輟學後，他沒有向「困難」屈服，而是選

擇自學；在重病之時，他依然在跟困難奮戰，選擇在病中學習……正是他這種捨命陪「困難」的拚勁，才讓他從一個沒有任何實力的輟學生，贏得了輝煌的成功，成為一個舉世矚目的成功者。

我們不能只想著別人的命好，更要記得，一個好命人的背後，是需要跟困難拚命的。

人總會遇到一些困難，經受各式各樣的挫折與考驗。英國的貝克說過，困難是一個嚴厲的導師。是的，只有經歷過困難之後才能體會到戰勝困難的樂趣和得到成功的經驗。一個不怕困難，知難而上的人，在經歷困難時勇於打拚，把困難轉化成前進的動力，就可以從打拚中獲得經驗，登上成功的高峰；而一個懦弱的人，在遇到困難時只知道退縮，不敢去面對困難，讓困難成為自己邁不步過去的一道檻、一堵牆，最終將一事無成。

我們這個時代是一個不會埋沒人才的時代，只要我們不怕困難，勇於跟困難「拚命」，就能夠贏來好命。

我公司的一位業務總監，高中都沒有念完。他把履歷投到我們公司時，負責應徵的人事經理，在篩選履歷階段就把他刷下去了。他不知道從哪裡找到我的信箱，寄給我一封自薦信，我破格錄用了他。打動我的，是他自薦信中的內容。他在自薦信中是這樣寫的：

　　我是一個喜歡跟困難「拚命」的人：八歲時，我上學要步行到十幾里地山路的鎮上上學，村裡的其他小夥伴嫌路遠太累不去。我一個人每天不到六點就走路去上學。春夏秋冬風雨無阻。六年的小學我沒有遲到過一次。

　　小學畢業後，我成為全村有史以來第一個考入縣明星中學的孩子。

　　三年國中期間，因家裡經濟條件不好，我面臨著退學危機，但我靠著課餘時間撿空瓶子、給學校小賣部的人工作完成了國中的學業，並以優異的成績考入市明星高中。

　　高一高二，我的學習成績穩居全校前三名。那時我覺得，沒有什麼能夠阻擋我求學之路。不幸的是，我在高二下學期患了重病，不得不休學在家。生病期間，我堅持學習，背完了半尺厚的英漢詞典。遺憾的是，大學入學考試的日期，我得去做手術。

　　兩年後，我康復後，實在不想讓年老的父母因我的鉅額醫藥費外出工作。我就選擇了退學。工作之餘，我一直沒有放棄學習。

　　我之所以選擇貴公司業務部的總監，是因為到目前為止，我是唯一的人選……

　　他在自薦信最後，把業務部要做的工作流程詳細地羅列出來，又畫了一個表格，上面標註著對待不同的客戶，要使用的話術。令我稱奇的是，他這張表格中，把每個客戶的品性、喜

好,以及如何獲得客戶的好感等等分析得非常到位,簡直就是一個「跟客戶溝通的寶典」。

看完這封自薦信後,我不但為他工作的專業叫好,更佩服他成長過程中克服困難的精神。當場拍板破格錄取他。

事實證明,我的眼光非常正確。他到公司後的表現,出乎所有人的預料。對他來說,工作中就沒有「困難」二字。

在公司的表揚大會上,他作為「優秀幹部」發言時,說道:「只要我們拿出跟困難『拚命』的心態來,天底下沒有擺不平的事情。在這個世界上,只要你敢跟困難『拚命』,就沒有什麼能夠把你打趴下。」

我有一個朋友,腿有殘疾,十幾年前,他剛來這座城市時,連工作也找不到。而現在,已經是企業家兼培訓師了。他的親朋好友都誇他「命好」。他在講到他第一次登臺講課時,說了下面的經歷:

我第一次登臺演講時,原定三百名企業家來聽課,結果因為舉辦方失職,沒有通知到位,結果只來了三位企業家。

看著空蕩蕩的大廳,舉辦方曾勸我取消今天的課。他笑著說:「不。這三位企業家能夠專程來聽課,已經令我感動了。我要把我講課最好的狀態發揮出來。」

那天的課,他講得非常精彩,講課過程中,這三位企業家頻頻站起來鼓掌。

那堂課之後，他在本市企業界名聲大震。再舉辦講座時，容納二百人的大廳人滿為患，他們大多是第一次聽課的三位企業家介紹來的。

這三位企業家曾經當著他的面說：「你敢在三個觀眾前講課，說明你是一個真正有才的人；你把課講得那麼好，讓我們獲得了應有的尊重；更難能可貴的是，你講課時那種亢奮的狀態，有一股『不要命』的拚勁，深深打動並感染了我們。」

面臨困難時的「拚命」，拚的是一種個人氣質，這種氣質能讓你的氣場變得強大起來。一個人們認為「命好」的人，都是有著頑強生命力的人。正是這源源不斷永不枯竭的生命力，讓他們「注定」擁有了一切的好與一切的順利。

天生好命的人實在太少，而天生命不好的人，也同樣很少。這是因為太多人因缺乏生命力，才導致自己總陷入「命不好」的泥沼中。想想看，我們人與人的智力真的相差很多嗎？社會上那些收穫成功的人，難道都是來自名校的高智商才子嗎？

答案自然是否定的。我前面已經例舉過很多不同領域成功的中外名人，他們大多是沒有進過名校，甚至是沒有上過大學的人。

許多成功者的例子告訴我們，不是我們命不夠好，只是有時候養尊處優又或者太過順利，讓我們逐漸失去了自己生命中

那種跟困難「拚命」的生命力。

在這個世界上，天生好命的人實在太少，而天生命不好的人，也同樣很少。太多人是因為缺乏生命力，所以才導致自己總陷入「命不好」的泥沼中。

對於我們大多數普通人而言，不可能一輩子都順遂如意的，但是為什麼有的人每天愁眉苦臉，而有些人卻能夠生機勃勃地翻山過河，保持著陽光的心態繼續前行？是因為生命力。

生命力是一種神奇的東西，你若經常用你的生命力對付呼嘯而來的困難和痛苦，那麼你的生命力就會越變越強大，讓你輕而易舉地掃清阻擋你前進路上的絆腳石。久而久之，你的強大會讓困難見到你就躲。

一個人，只要擁有了這樣強大的生命力，才能夠擁有永遠不會失去的「好命」！

每個人的一生都不是一帆風順的，更不是一事過後萬事寧，而一波不平一波起的事情卻常常發生，對待這些事情，要求要不斷打拚進取，而怎樣才能做到永保打拚進取的精神狀態，可以從以下兩方面去做，見表3-4：

表 3-4

1	要樂觀對待困難與挫折	沿著成功的一條路上，對於排列著的困難與挫折，只有正視它們，笑對它們，去一個個克服它們，從而成功進取。這一點唯有抱持樂觀主義態度的人才能辦到，這也是許多有突出成就人的共同心態。牛頓提出地心引力說時，全世界人諷刺他；哈費提出血液循環學說，全世界人反對他；達爾文提出進化論，全世界人嘲笑他，萊特剛製造飛機的時候，全世界譏笑他……在挫折困難面前應振作精神，笑對人生，處逆境而不沉淪，遭挫折而不自哀，與逆境相拚，與挫折相搏，用積極的精神向前奮鬥進取，你就能為自己贏來好命。
2	面對困難與挫折要永保奮鬥進取精神	奮鬥是一個富有詩情畫意的字眼！是一種精神狀態，是一種精神境界，是成功的柱石；奮鬥猶如海上的燈塔！指引輪船在海上歸航，奮鬥猶如陸上的高峰，引導奮鬥者向高處攀登。 永保奮鬥進取精神狀態，是成功的推進劑，一個人如果有志於出一番事業，使自己的理想成為現實，那就要敢於迎難而上，有足夠的必勝自信心。有道是，站在最危險的山峰，才能看到最壯美的風景。面對險峻的山巒，一個人如果連向上攀登的勇氣和自信心都沒有，又怎能一覽高處的雄偉瑰麗？古今中外，凡成就大事者，都有一種勇於奮鬥進取的精神。在挫折面前，是逆流而上，還是順流而下，確實值得我們深思。我們一定要鼓起勇氣，敢於逆流而上，用激流勇進的精神，用「到中流激水」的魄力，來戰勝挫折。

你的汗水和淚水不會白流

在我們周圍，經常有人抱怨自己的付出沒有收穫，埋怨命運的不公。當你有這樣的抱怨和埋怨時，那是因為你還沒有認真、投入地去做一件事情。

如果你沉下心來，讓自己專注地做你想做的事情時，你會發現：你今天吃的所有苦，都是你明天高飛的資本。

我們公司投資拍攝了一部抗日電視劇，在拍攝過程中，劇中的配角因臨時出了點狀況不能拍後面的戲了。就在劇組為此發愁時，從臨時演員中走出一個年輕人。他來到導演面前毛遂自薦：「導演，給我一個機會，我會把這個角色演好的。」

說實話，當時很多人都不看好他，不僅僅是他長相並不出色，更重要的是，劇中人物體格健壯，而他身材偏胖，個子也稍矮。可因為一時找不到合適人選，加上他又極力遊說自己如何如何能勝任這個角色。導演勉強答應讓他試試。

看看之前的配角拍的一場場戲，能給人帶來超強的鏡頭感。再看看他，與劇中的男配角簡直是天壤之別。

沒有人看好他。

然而，一個月後，他再出現卻令所有人吃了一驚。他狂減25公斤，一天十幾個小時自虐般的健身，讓他練出男性健美的腹肌，更讓人驚嘆的是，他的眼睛也變得有神了。

他在試鏡時，導演看著鏡頭裡的他，當即拍板：「太棒了，就是他了。」

事後我們才知道，他為了演好劇中人物，嚴格按照健身教練的要求去做：減少食量、吃素食，一有時間就健身。同時，因為劇中的配角是軍人，他從多部優秀的軍人影視劇裡找出經典的軍人表情來加以觀摩，每天都要對著鏡子練面部表情……

在一個月中，他每天睡不到三個小時的覺，有時還會被餓醒，醒後他就對鏡練習「軍人」式的表情：微笑、發怒等等。

這部劇殺青時，導演好奇地問他：「在這部劇裡，你雖然是配角，但戲份不少。你不是專業演員，有時一天拍好幾場，在體力方面，是怎麼支撐下來的？」

他不好意思地說：「我從十四歲打算當演員開始，每天早上四點起床健身一個小時，晚上八點健身一個小時。現在已經八年了，除了這幾天拍戲，我沒有一天鬆懈。我這樣做就是為了鍛鍊我的體力。」

在生活中，我們看到的都是成功者臺前的風光，卻看不見他們背後獨自品味的辛酸。我們一定要堅信，付出和得到永遠是成正比的。正如「天底下沒有免費的午餐」一樣，也沒有「白流的汗水和淚水」。你所有的奮鬥和付出，都在人生軌跡裡刻下了痕跡，等有一天你準備好了，命運就會讓你脫穎而出。所以，你只管埋頭前行，只管奮力打拚，生活絕不會辜負你的努力。

多看看那些嗅過夢想開花芳香的人吧，他們哪個不是早早就認定方向並在俗世默默堅持的？既然說，彎路不會白走，汗水不會白流，你還在猶豫什麼？趁著還有力氣，趁著還有熱情，多為夢想澆澆水、施施肥吧，假以時日你也一定會聞到花香的。

我們在螢幕上看到的那些已經功成名就的藝人，也是這樣的人：

很多人都非常熟悉李連杰在銀幕上的形象，但又有多少人知道他這身帥氣的功夫背後付出了多少汗水和努力。李連杰從小就在武術隊訓練。

有一次，李連杰的教練指導他練習旋風腿，這個動作很難，特別是連續做起來，難度更大。當時他的傷剛剛癒合，加上他個子不太高，腿也不長，動作做起來怎麼都不到位，他當著教練的面給自己找藉口：「還差一點點就成功了。」

教練生氣地對他說：「差半點都不行，加練 500 次！」

500 次？所有隊員都嚇了一跳，在平時加練中最多也只有300 次。李連杰只好一次次練習。練到 350 次時，他已經累得開始眩暈了。有隊員想要去扶他，但被教練制止了。李連杰只有忍著眼淚繼續練，當練完 500 次時，他累得一下子倒在了地上。

就是從這一天開始，李連杰把「差半點都不行」當成自己的行為準則，每次訓練都給自己加碼。別人跑 10 圈，他就跑15 圈；別人壓 300 次腿他就壓 500 次。到最後教練擔心他運動量太大，不得不限制他。

　　李連杰的苦沒有白吃，他得到了很多榮譽：11 歲奪得全國武術比賽少年組的冠軍；12 歲奪得全國武術表演賽成年組全能冠軍；1979 年第四屆全運會，他在雙腿膝蓋受傷，一動就痛如刀割的情況下，還奪得武術男子全能冠軍。

　　李連杰的成就大家有目共睹，在電影裡他帥氣的功夫也讓大家很是羨慕。而他的成就，和他從小就懂得比別人多付出，自己給自己加碼是分不開的。

　　《木偶戲》裡寫道：「臺上一分鐘，臺下十年功。精雕細刻劃，技藝奪天工。」沒有人能夠隨隨便便成功，每個人成功的背後，都付出過比常人多幾倍的汗水。

　　心中有希望，腳下就有路。與其為上天的不公仰天長嘆，不如打造屬於自己的強者之路，跨越自己的人生。要捨得在別人享受的時候自己主動吃苦，在沒人監督的情況下主動吃苦，而且還要「加碼吃苦」，這樣就能讓自己比他人更主動付出、多多付出。

　　也許有人會說：「我做的是簡單的重複性工作，很難帶來知識的成長和技能的提高。」如果真是這樣，你更要提高修養，培養敬業精神，因為這些在你未來的人生中，都會為你帶來意想不到的收益的。我們做的每一份工作都不是白幹的，正如我們的汗水不會白流一樣。當你用心地做每一份工作時，你將會關注工作的潛在價值。

　　卡莉·費奧莉娜（Carly Fiorina）是惠普公司（HP Company）

前 CEO。她從 1976 年第一份工作開始，到 1999 年 7 月底出任惠普公司執行長，直到 2005 年初離開惠普，她獨到的領導哲學以及經營能力受到各界推崇與肯定，曾經連續六年被美國《財富》（Fortune）雜誌封為「全球最有影響力的女性」。

卡莉·費奧莉娜從史丹佛大學畢業以後，沒有按照父母給她計畫的那樣學法學，而是從加州大學洛杉磯分校的法學院退學，正式進入職場。

卡莉和大多畢業生一樣，身無分文，加之她學的是歷史和哲學，所以工作並不好找。在經歷一次次失敗後，終於有一家房地產經紀公司給了她工作機會，卡莉欣喜若狂。

她的工作是在公司櫃檯負責迎來送往、接電話、轉電話外加打字，類似於公司的接待員。在一般人看來，從名校畢業做這樣的工作，會感到掉價。但卡莉不這樣想，恰恰相反，她覺得這份工作奠定了她的職業觀。

為了把工作做好，她對這份工作全情投入，把平凡枯燥的工作做得非常出色。一段時間後，她得到了公司主管和同事的讚揚和認可。也就是在做這份工作時，卡莉深深地明白了，任何工作，只要認真去做，並且盡全力做好，就能從中發現更多的驚喜。她認為，在工作中的每一點付出都會有回報的。要想把工作做到最好，必須付出比別人多幾倍的汗水來。

卡莉·費奧莉娜對工作的態度，奠定了她的職業觀，造就了她以後在事業中的輝煌。俗話說：「一分耕耘，一分收穫。」

這話沒錯，付出就有回報。至於你認為有沒有回報，是因為有時候你的努力趕上了機會，上天就當即給了你回報；而有的時候，上天覺得想把更大的驚喜給你，就會先把你付出的努力幫你存著，等有一天連本帶利地還給你，那時，你的成功將會成為你人生的一個大跨越。所以，在奔向未來的路上，擦掉你的汗水和淚水，大膽地向前衝吧！

「我想要躍入海面找尋起點，看誓言可會改變，年輕的淚水不會白流，痛苦和驕傲這一生都要擁有，年輕的心靈還會顫抖，再大的風雨我和你也要向前衝……」這是《永遠不回頭》裡的歌詞，很振奮人心。在這裡，我獻給那些願意和困難拚輸贏、願意為成功流汗水和淚水的「好運」的人 —— 請相信，不要擔心你的汗水和淚水流得太多，那是因為你此次的收穫是最大的！

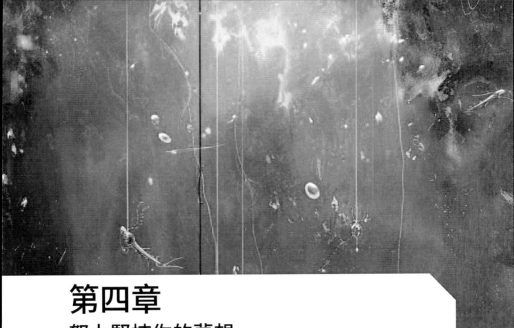

第四章
努力堅持你的夢想

夢想是我們的無價之寶

　　夢想是我們人生的一個目標，夢想也是一個扶持信念的動力。當我們的青春不再時，只要夢想在，我們就能夠重回青春，重過那激情燃燒的生活。可以說，夢想是我們的無價之寶。不管什麼時候，只要我們懷有夢想，就不會擔心失敗，更不會害怕沒有退路。夢想就像我們人生的指路燈，指點著我們走向人生的輝煌！

　　我們在年少的時候，最喜歡做的事情就是憧憬美好的未來，一旦有機會要實現時，就表現出一股「不撞南牆不回頭」的倔勁，從來不去在乎其中的艱難險阻，總覺得自己一定會夢想成真。認定了就去做，看準了，就去衝，這樣的勁頭就像那初生的牛犢，有一股天不怕地不怕的精神，一身的牛膽和牛氣，讓我們成為「無所不能」的人。

　　從小到大，馬克家裡一直都很窮 —— 馬克有 6 個兄弟，3 個妹妹，還有別人寄養在他家的一個孩子。雖然馬克沒有什麼錢，家裡的東西也都很破舊，但是家裡充滿了愛和關心。

　　馬克是快樂而有朝氣的。馬克知道不管一個人有多窮，他仍然可以做自己的夢。

　　馬克的夢想就是運動。他 16 歲的時候，就能夠壓扁一顆橄欖球，能夠以每小時 90 英里的速度投出一個快球，並且擊中在球場上移動著的任何一件東西。馬克的運氣也很好，他的

教練是奧利‧賈維斯，他不僅自己相信馬克，而且還教馬克怎樣相信自己。他讓馬克知道了擁有一個夢想和足夠的自信會使自己的生活有怎樣的不同。賈維斯教練改變了馬克的生活。

馬克升入高中的那年夏天，一個朋友推薦他去做一份暑期工。這是一個賺錢的機會 —— 有錢就可以買一輛腳踏車和新衣服，也意味著開始為他的母親買一棟房子所存錢。這份夏日的工作對馬克來說是極具誘惑力的。

馬克意識到如果去做這份工作，自己就得放棄暑假的棒球運動，那意味著他必須告訴賈維斯教練自己不能去打球了。馬克告訴了教練，他真的如馬克所料的一樣生氣了。「你還有一生的時間可以去工作。」他說，「但是，你練球的日子是有限的。你根本浪費不起。」

馬克低著頭站在他面前，努力想向他解釋，為了那個替自己的媽媽買一棟房子和口袋裡有錢的夢想，即使讓他對馬克失望馬克認為也是值得的。

「你做這份工作能賺多少錢，孩子？」他問道。

「每小時 3.25 美元。」馬克回答。

「噢，」他問道，「你認為，一個夢想就值一小時 3.25 美元嗎？」

這個問題，簡單得不能再簡單了，它赤裸裸地擺在馬克的面前，他恍然大悟。那年暑假，馬克全身心地投入到運動中去。同年，馬克被匹茲堡海盜隊挑去做隊員，並與他們簽訂了

一份價值 2 萬美元的合約。後來，馬克在亞利桑那州立大學裡獲得了橄欖球獎學金，使他獲得了接受高等教育的機會。馬克兩次被評為全美最佳後衛。去年，馬克與丹佛的野馬隊簽署了170 萬美元的合約。馬克終於為自己的母親買了一座房子，實現了他的夢想。

心懷夢想的人，會滿懷希望地在前進的路上一路狂奔。即使遇到狂風暴雨，他們也毫不畏懼。因為他們相信努力的意義，生活終將對他們露出笑臉。

每個人都有過青春年華，都會對青春充滿留戀。留戀青春的激情飛揚，留戀青春不要命的拚勁……青春之所以這麼美好，是因為青春的我們有夢想！

夢想在，一切都在；夢想在，我們就不會害怕歲月老去；夢想在，我們的未來就有無限的可能；夢想在，當下所有的苦和痛都能忍下去……夢想在，我們的生命要多精彩就有多精彩，所以，夢想是我們的無價之寶。

我有一位朋友，就讀於廣播學院，但他的夢想是做一個廣告企劃人。

大學畢業後，他沒有像其他同學那樣，去電視臺做編導、主持，而是進入某廣告公司，每天在辦公室裡喝著咖啡、和同事聊著創意。那段時間他開心極了，並發誓要在這個產業做出一點成就來。

天有不測風雲。試用期還沒有過，他就因為能力不足被辭

退。這是他初入職場，第一次遇到的挫折，他是那麼喜歡這份工作，可是工作就像是談戀愛一樣，屬於雙向選擇，人家沒有「看」上他。

一連好幾天，他感到萬分惋惜和無奈，一度懷疑自己的能力。但懷疑經不住對這份工作的喜愛，他很快就說服了自己，重新找類似的工作。

求職網上的公司很多，他投出的履歷石沉大海，偶爾也有公司讓他去面試的，但面試後便杳無音信。

轉眼兩個月過去了，他還沒有找到工作。這時父母和同學都勸他回老家，去報社或電視臺當記者或是編導。他固執地回絕了，夢想的力量太強大了，讓他心甘情願地放棄家鄉優渥的生活。

在失業的日子裡，他過得最慘的一次是用 40 塊錢過了一個月，那一個月中，他在夢想的支撐下，餐餐是饅頭、鹹菜、白開水。

這期間，他的同學有的做了記者、主持人、編導，最差的也是公務員。他曾經動搖過，可是他一想到此生的事業夢想時，他就咬牙堅持了下來。夢想就像他的初戀情人一樣，讓他愛得著魔。

好在天無絕人之路，就在他只剩 5 塊錢時，他接到一個廣告公司的錄取電話。他立刻像打了雞血一樣振奮起來。公司提供住宿，還有免費的午餐。他立刻搬到宿舍。去後才發現，兩

室一廳的員工宿舍，就在公司樓下，就是為了方便他們加班。

因為有很多同事嫌加班沒錢都不去住宿舍，所以，他一個人住著這麼寬敞的房子，每晚加班到夜裡十一二點。

付出還是有回報的，他的工作開始小有起色。就在他打算在公司裡大幹一場時，公司倒閉，他再次失業。

第二次失業，讓他情緒低落到極點，一而再、再而三的挫折，已經超越了他的承受極限。他嘴上告訴自己放棄這個城市，放棄這個夢想……但是心裡堅定得連他自己也感到吃驚：「有夢想陪伴，我怕什麼？」

他沒有多少積蓄，交了房租後，他所剩的錢寥寥無幾。他是多麼希望留在這座寄託了他夢想的城市啊！可此時正值冬天，北方的城市天寒地凍，他租的平房裡幾乎沒有暖氣。他一邊繼續上網投履歷找工作，一邊帶著饅頭泡圖書館、去圖書大廈。他知道，要想把工作做好，就得抓緊時間惡補這方面的知識。

為了生存，他和朋友合夥賣服裝，在夜市擺地攤，他把那些招徠顧客的詞寫得像廣告詞一樣精彩。生意好的時候，他會把賺到錢拿去買喜歡的書。

深夜回到家，他繼續啃廣告方面的書。

半年後，他在賣服裝時與一個廣告公司的主管認識，並且成為朋友。當對方知道他想做廣告企劃人時，告訴他，他們公司正在招廣告企劃，但沒有底薪，專案都得自己去跑。他想都

沒想就答應了。

於是，他在多次失業後，重新回到自己喜愛的產業中。這時的他，哪裡是把自己當員工，分明就是一個不要命的創業者，他有工作經驗，又自學過很多相關的知識，再加上他對這個產業的摯愛和領悟。他的潛力幾乎要突破極限了。

他在公司的第一個廣告文案，客戶滿意極了，一個字都沒有改。

一個月中，他為公司做了十多個成功的廣告文案。

現在的他，已經是公司企劃部門的總監，年薪六位數。

他總結說：「我能有今天，要感謝我的夢想。是夢想讓我承受了生活中所有的不幸。又是夢想，激發了我身體中所有的潛能，並最終讓我換回了我想要的一切。」

夢想是我們人生的一個目標，夢想也是一個扶持信念的動力。當我們的青春不再時，只要夢想在，我們就能夠重回青春，重過那激情燃燒的生活。可以說，夢想是我們的無價之寶。不管什麼時候，只要我們懷有夢想，就不會擔心失敗，更不會害怕沒有退路。夢想就像我們人生的指路燈，指點著我們走向人生的輝煌！

夢想讓我們心中湧動著無限的熱情，只要我們能夠堅持心中的夢想，即使不能幹出一番驚天動地的事業，也會讓你收穫生命的各種驚喜！

遍體鱗傷是追夢的代價

在一次記者會上，有一個記者在採訪結束後，突然問了我一個與記者會無關的問題：

「紀總，您認為成功者身上的特質是什麼？」

我回答：「夢想。」

記者奇怪地問道：「夢想？普通人也有啊。」

我正色道：「不一樣的是，成功者追夢會不顧一切，失敗了也不會放棄，而是繼續堅持下去，直到夢想成真。」

記者聽了一怔，過了好一會才說：「您說得對。成功者身上的特質是有真正的夢想。」

在這個世界上，夢想是我們生命中最美的東西，雖然它虛無縹緲，但是卻能夠帶給我們一種魔力，讓我們受盡折磨後、遍體鱗傷後，依然對它的愛不改初衷。

我們為什麼如此迷戀夢想？

答案很簡單，夢想的魔力就在於，沒有一顆心會因為追求夢想而受傷，當你真心想要某樣東西時，整個宇宙都會聯合起來幫你完成。

瑪里·居禮（Marie Curie）的夢想是為科學界做出貢獻。在追逐夢想的路上，不管遇到多麼大的阻力，她都能淡然處之。

瑪里·居禮在婚前姓名為瑪麗亞·斯克沃多夫斯卡

（Maria Skłodowska），1867 年 11 月 7 日，她出生於波蘭華沙市，當時波蘭正在俄國統治之下。瑪麗亞的父母都是教師，她是他們家的第五個孩子。瑪麗亞出生後不久，父母失去了教師的工作。為了養家，父母包下了替一些學生準備伙食的生意。

為了減輕父母的負擔，剛上學的瑪麗亞要協助父母做飯，每天要工作很長時間。長時間的工作並沒有影響到她的學習，上中學後，她獲得了中學生的優秀獎章。中學畢業後，為貼補家用，她還當了家庭教師。

1891 年，她到巴黎進入巴黎大學，攻讀物理學和數學，畢業時成績名列全班第一。1894 年她與法國物理學家皮耶・居禮（Pierre Curie）相識，對科學共同的熱愛讓他們相戀，兩年後，他們攜手走入婚姻。

從 1896 年開始，居禮夫婦共同研究起了放射性。在此之前，德國物理學家倫琴（Wilhelm Röntgen）發現了 X 光（倫琴在 1901 年獲得諾貝爾物理學獎），貝克勒（Henri Becquerel）發現了鈾鹽發射出類似的射線。瑪里・居禮發現釷（Th）也具有放射性，並且瀝青鈾礦的放射性比任何含量的鈾和釷能夠解釋的要強。居禮夫婦於是努力尋找，終於在 1898 年宣布發現了放射性元素鐳。他們最終從 8 噸廢瀝青鈾礦中製得 1 克純淨的氯化鐳，還提出了鐳放射線（現在已知它是由電子組成的）是帶負電荷的微粒的觀點。

1906 年皮耶・居禮不幸被馬車撞死，瑪里・居禮忍受著失

去親人的痛苦，背負著沉重的生活壓力，把她和丈夫共同的夢想延續了下去。

功夫不負追夢人，1910 年，瑪里・居禮與德比埃爾內（André-Louis Debierne）一起分離出純淨的金屬鐳。

1914 年第一次世界大戰爆發時，瑪里・居禮用 X 光裝置裝備了救護車，並將其開到前線，國際紅十字會任命她為放射學救護部門的主管。在她女兒伊雷娜 (Irène Joliot-Curie) 和克萊因（Martha Klein）的協助下，瑪里・居禮在鐳研究所為部隊醫院的醫生與護理員開了一門課，教他們如何使用 X 光這項新技術。

瑪里・居禮的大半生都是在清貧的生活中度過的，包括她的科學試驗。提取鐳的艱苦過程是在簡陋的條件下完成的。對於自己的科學研究成果，居禮夫婦並沒有申請專利，就是為了讓每個人能夠自由利用他們的發現。他們在獲得了諾貝爾獎金和其他獎金後，即使生活過得那麼拮据，他們也沒有捨得改善生活，而是把錢都用在研究中了。

有人說，擁有夢想只是一種智力，實現夢想才是一種能力。的確，夢想很美好，但追逐夢想的過程卻是建立在執著和艱辛之上的，瑪里・居禮為了實現造福於人類的夢想，真的是艱苦、辛酸地奮鬥了一生，才提煉出了純淨的鐳。她以超出普通人的頑強毅力，最終實現了夢想，書寫下了生命的永恆！由此可見，在追夢的路上，我們是需要付出巨大的代價的，有時甚至是我們寶貴的生命。

我一直認為，人的一生很短暫，是夢想，讓我們的生活變得豐盈、充實了很多。雖然實現夢想的路是一個極其艱辛的過程，但是，只要我們不忘初心、不改初衷，無論壓力多麼巨大，仍然矢志不渝地去追夢，就會發現夢想離我們並非遙不可及。

追過夢的人都知道，追夢的過程，遠比結果更精彩。因為當我們追夢時，會激起體內的潛能，讓我們發現更好的自己。

我有一個自幼一塊長大的朋友，他從小喜歡畫畫，夢想是當一個畫家。為了實現這個夢想，他辭掉年薪數十萬的外商高級主管的工作，揹著畫匣，在十年中幾乎遊遍了全國的名山大川。他的許多優秀畫作，都是在這十年中畫出來的。

在提到這十多年在外寫生的經歷時，他說：「最艱難的時刻不是忍飢挨餓，也不是面對冬天的寒冷、夏天的酷熱和蚊蟲的叮咬，更不是獨自走過荒野、爬過一座座荒蕪險些喪命的大山，這些外在的苦都算不了什麼。而是撕掉不滿意畫作時那種舉世的絕望，這是一種精神的折磨，它讓我的精神和肉體一樣遍體鱗傷，讓我生不如死。為了戰勝它，我就用不停地畫畫來轉移這種情緒。我想，這樣會讓我離夢想近一點。事實證明，我這種追逐夢想的方式，還挺管用呢。」

我這位朋友現在是頗有名氣的畫家。

在人生布滿荊棘的道路上，夢想讓我們擔起一片屬於自己的晴空，雖然追夢的旅途中，獨行的身影很難戰勝黑暗的束縛，但我們是絕不會輕易倒下，這是因為有夢想的支撐。即使碰得遍體鱗傷，也會用剩下的最後一點力氣站起來。

　　實現夢想往往是一個艱苦的堅持過程，而不是一步到位，立竿見影。任何一個成就卓越的人，幾乎都是在追求夢想的過程中被摔得遍體鱗傷，然後換來一種頑強的毅力。他們正是用這種毅力堅持到最後，用這種不服輸的精神成為最後的勝利者……

　　莎士比亞（William Shakespeare）說：「多災多難，百鍊成鋼。」在追逐夢想過程中，我們就像唐僧取經一樣，會遇九九八十一難，這些事情，有的是來自天災，有的則是有人故意為之，也就是一些「傷害」我們的人。這個時候我們難免會抱怨，久了，我們還可能將這些人當作自己的敵人。其實，應該感謝那些給我們磨難的所有人，正是他們看低、諷刺我們，對我們使絆子等，才讓我們在追夢的過程中變得異常強大。

　　拿破崙（Napoléon Bonaparte）說：「最困難的時候，也就是離成功不遠的時候。」追夢的路上，如果遇到了荊棘，你想繞開走這條路的話，你錯了。你還不如披荊斬棘，就算最後遍體鱗傷，你付出了，總比那些不付出坐收漁翁之利的人掛綵得好看。

　　有首歌的歌詞裡寫著：「夢想自在小時代，雖然渺小的存在，卻不隨波墜入海，我們等著花開，年少遍體鱗傷的成長……」人的一生是多麼短暫，然而卻又有那麼多的不如意，有的人遇上困難就只會怨天尤人，而有的人卻會以自己最大的努力去戰勝困難，用自己的雙手去扼住命運的咽喉，那麼成功往往會降臨於後者。有時候逆境往往會使人堅強起來，讓人擁有驚人的承受力，即使在挫折面前也能高昂自己的頭，不會屈倒於困難之下。

夢想讓你與眾不同

我們要由衷地感謝夢想，是夢想，讓我們在現實的衝擊之下，變得心理強大；是夢想，讓我們的努力有了回報；是夢想，讓我們在絕望時有了心靈的安慰；是夢想，讓我們的漫漫人生之路多了一份光明；是夢想，讓我們即使在絕境，也擁有不放棄的堅定；是夢想，讓我們的生活充滿希望和陽光！

在這個世界上，人和人之間最大的不同，就是他有沒有夢想。一個有夢想的人，會比那些沒有夢想的人，更加堅強和勇敢；一個有夢想的人，是靠自己的努力和奮鬥來改變命運的。

夢想，讓我們在芸芸眾生中變得與眾不同！

我公司企劃部門有一個員工，在工作上對自己要求特別嚴格。他每天早一個小時到公司，處理手頭上的工作，下班時會晚走半個小時。別看他每天比別人只多用一個半小時來工作，但他的工作業績卻比同事高出好幾倍。

同事一個月最多企劃 2 至 3 個專案，每個專案並無特色，並且還要有其他同事協助來完成。他每個月要做 10 個以上的專案，而且是獨立企劃來完成。每個專案為公司帶來的收益，非常可觀；他的收入自然也比同事高出很多。

他收入很高，可他很少高消費，更不會動不動就任性地「來一場說走就走」的旅行。他把這些錢都用在了學習上。在工作之餘，他買了很多書或是到圖書館、或是參加各種培訓班來充電。

　　有同事問他：「你工作不到兩年，跟公司的老員工賺的差不多，怎麼還這麼辛苦地去拚？」

　　他說道：「我的夢想是當一個品牌企劃人，以我目前的水準，是絕對達不到的，所以，我只有高標準要求自己，逼自己學習，才有可能實現這個夢想。因為有夢想陪伴，我不但不覺得辛苦，反而感到過得很充實。」

　　這就是一個有夢想的人的工作狀態：在別人眼裡的「辛苦」，在他們看來是「充實」。在這個世界上，沒有哪份工作不辛苦，但若是心中有夢，我們就會選擇奮鬥，碰得頭破血流也要咬牙堅持下去。因為有夢想就有希望，有希望就不害怕人生中遇到的各種坎坷。

　　心懷夢想，我們就會無所畏懼，什麼樣的坎坷都不在話下；心懷夢想的人，是不會計較別人的流言蜚語的，在他們看來，浪費自己的時間跟別人爭論，是對夢想的不敬，會讓夢想離自己更遠的。他們絕不會讓自己做這些事情的。

　　懷有夢想的人之所以能夠與眾不同，是因為在熙熙攘攘的人群中，你聽不到他們抱怨或嘆氣的聲音，即便是遭受到了巨大的打擊，他們也不會退縮，而是把種種委屈吞下去當作動力。哪怕他們曾經被這個世界殘忍地對待，他們仍然不會放縱自己，而是選擇更加努力地去奮鬥，每天保持著微笑，把當下的每一天，當作永遠的起跑線。

　　我上中學的時候，就夢想著將來自己創業。緣於此，我每

天都把大量的時間花在學習上，除了完成老師交代的作業外，我還要求自己看名人傳記、管理或是經濟類的圖書，並且要求自己寫讀書筆記。

有一年春節，親戚來家裡做客，親戚家的孩子跟我同齡，他們提出讓我跟他們出去玩。可因為我一天中的讀書計畫沒有完成，所以，我就沒有同意。當時，他們在我家院子裡玩遊戲，聽著他們歡快的笑聲，我第一次分心了，從窗戶望出去，他們興高采烈的氣氛深深地吸引和感染了我。我多麼希望自己也能像那些孩子那樣，盡情地奔跑，盡情地歡笑啊！

此時，我的心再也無法平靜下來，內心深處孩子的天性被喚醒了，我有一種想跟他們一起玩樂的衝動。

這時，我聽到房外有一個親戚對我父親說：「大春節的，孩子也該玩玩了。」

我父親說：「我何嘗不想讓他玩。他不是有自己的夢想嗎？所以，他就得比別的孩子少玩。」

「可是，孩子這樣多苦。」親戚感嘆。

我聽到父親語重心長地說：「每個人都有自己的人生成長軌跡，有的彎曲有的筆直，有的充滿樂趣有的布滿苦難，這是不能與別人相互比較的。既然我的孩子現在與他們不同，就是因為他的未來與他們不同，因為他想讓自己的能力比他們強，覺得自己的夢想比他們偉大，自然要與眾不同的。」

父親的一番話，令我豁然開朗。從那以後，我對自己的要

求越來越高。大學畢業後，我到金融機構任職。在工作期間，我依然沒有忘記開公司的志向。為了能騰出時間創辦公司，在工作中，我比誰都認真、努力，因為我知道，把工作做好才有更多的精力從事自己喜歡的事業。

幾年後，我終於等到了創業機會，創辦了自己的公司。雖然在創辦公司的過程中，我遇到過不少坎坷，但是我都堅持了下來。這也讓我得益於上學和工作時養成的好習慣所致。

我始終記得父親的話：「你的夢想與眾不同，那你就得付出跟別人不一樣的努力。」

有句歌詞唱道：「祝福你的人生從此與眾不同，把握生命裡的每一分鐘，全力以赴我們心中的夢……」

無論是怎樣的人，只要有了夢想，就有了明確的追求目標，有了明確夢想的熱烈召喚，從而有了頑強打拚的激情，有了不斷進取的堅韌，有了雖經坎坷依然堅定向前的執著，最終便有了成功的人生。

目標與奮鬥，在每個人的生命中都是不可或缺的。有時，即使僅僅只是一個絢麗，甚至遙不可及的夢想，也同樣可以迸發出神奇的力量，可以推動我們走向夢想的彼岸。

在人生的舞臺上，還有很多因為夢想而成功的人。當他們站在高處，被人們豔羨時，我們要明白，是夢想成就了他們。

在追夢過程中，他們遠不如人。而現在，他們因為擁有夢想，變成了與眾不同的人，經過努力，他們最終成為那萬裡挑

一的人了。

如果你有夢想，如果也足夠努力，那麼，你也會像他們一樣有足夠的幸運，並成為與眾不同的人。

我們要由衷地感謝夢想，是夢想，讓我們在現實的衝擊之下，變得心理強大；是夢想，讓我們的努力有了回報；是夢想，讓我們在絕望時有了心靈的安慰；是夢想，讓我們的漫漫人生之路多了一份光明；是夢想，讓我們即使在絕境，也擁有不放棄的堅定；是夢想，讓我們的生活充滿希望和陽光！

著名的比爾・坎貝斯博士曾經做過這樣一個實驗：

他對數百名智力，家庭，學歷，生活環境等綜合條件相差無幾的年輕人進行了一次問卷調查，其中 27％的人沒有夢想或目標；60％的人有模糊的夢想；10％的人有清晰的短期人生目標；3％的人有清晰且長遠的人生目標。25 年後，當年占 3％的人生目標清晰而長遠者，都經歷了難以想像的挫折，但他們都沒有放棄，反而更進步，從而成為社會各界的頂尖成功人才；而 10％的那些人生目標清晰卻只有短期人生目標的，經過打拚後，都生活在社會的中上層；那些 60％有模糊夢想的人大多數生活平淡；而剩下的 27％的沒有夢想或目標的人，幾乎不約而同地沉落到社會的最底層，他們常常抱怨他人，抱怨社會。

這個道理十分易懂，無論是怎樣的人，只要有了明確的追求目標，有了明確的夢想熱烈的召喚，從而有了頑強打拚的激

情，有了不斷進取的堅韌，有了雖經坎坷依然堅定向前的執著，最終便有了成功的人生。目標與奮鬥，在每個人的生命中都是不可或缺的。有時，即使只是一個絢麗的甚至遙不可及的夢想，也同樣可以迸發出神奇的力量，可以推動我們走向夢想的彼岸。

　　人生的路很坎坷，但只要我們心懷夢想，即便是前方危險重重，我們都會毫無懼色地走下去。如果每天心懷夢想，如果每天不停地奮鬥，那麼，夢想離我們就會遙遠。當有一天你努力到了，夢想就會在前方不遠處向你招手，翹首盼望你的到來！

努力＋堅持＝夢想實現

　　學會用適合你自己的方式來追逐夢想，鍥而不捨地追求夢想，夢想不實現就不要死心。當你有這樣的堅持時，你絕對會比別人成功，因為當一個人滿懷信心地去追求時，他的動力是十分強大的，足以完成他做的任何在別人看來不切實際的夢想 —— 因為每個人的潛力是無窮的。

　　「長風破浪會有時，直掛雲帆濟滄海。」這是李白的一首名詩，我非常喜歡。它告訴我們，夢想，有時看似無比遙遠，但如果我們努力並堅持下去，在經歷各式各樣的困難和挫折以後，總有一天，夢想會以不同的方式實現的。

　　我上小學高年級的時候，每次和同學談論夢想，他們大多會說：

　　「我想努力學習，考入明星中學。」

　　「我想到國外上大學。」……

　　我的回答是：「我想創辦自己的公司，等賺了錢再幫別人賺錢。」

　　因那時年紀小，還不知道有投資公司。我只是覺得自己喜歡數字，喜歡創業。

　　在金融機構工作幾年後，我選擇了創業，其間的艱辛一言難盡，但我對自己說：「不管發生什麼，我都要努力做喜歡的事情，並且一直堅持下去。」

現在我經營的投資公司，幫助很多公司成功上市 —— 我的夢想實現了。

有時候，夢想不但需要努力，也需要堅持。有很多人，在追夢時做到了努力，卻無法做到堅持下去，才最終讓夢想遠離了我們。

提起 NBA 湖人隊的得分後衛柯比（Kobe Bryant），他在球隊中的領袖作用，他的得分能力，可以說是無人不知、無人不曉。他帶領湖人隊一共取得五次總冠軍。他靠的是什麼？

答案就是努力加堅持。

柯比每天要投籃練習 2,000 次。在來中國的專機上，擺放著健身器材，他還要進行體能訓練。他付出了，他成功了。

全世界柯比的球迷特別多，他一年的薪水是 2,480 萬美金。假如有人對你說，讓你像柯比一樣努力，將來就會成為柯比，你能堅持練下去嗎？

2010 年 12 月 1 日，在湖人對灰熊的比賽中，柯比投進一個難度很大的球後，資深籃球評論員楊毅在直播中感慨地說：「有的人賺這麼多錢就不好好練了，有的人賺這麼多錢卻激勵自己好好練。」

柯比能夠成功，並不是他比別人多有天分，而是他那份多年如一日的堅持。

現在有些人，一提到「夢想成真」四個字，眼睛都發光，人人都想坐上高位，個個都想拿高薪資。憑的是什麼？

我告訴你，憑的除了努力外，還有不懈的堅持。

他是一位匈牙利木材商的兒子，生性木訥的他，不善言談，學什麼都比較慢。為此，人們給他取了「木頭」的綽號。

十二歲那年，他做了一個美麗的夢，因為他寫的文章被諾貝爾（Alfred Nobel）看上了，有個國王給他頒獎。這個夢是那麼美好，他想告訴別人跟他分享，可自卑的他擔心別人譏笑他，左思右想後，就把這個美麗的夢告訴了母親。

母親溫和地對他說：「假若這真是你的夢，你就有出息了！我曾聽說，當上帝把一個美好的夢想放在誰心中時，他是真心想幫助誰完成的。」

母親的話給了他動力，從此以後，他心中有了一個誘人的夢想：當作家。

他比以前更喜歡讀書了，還動筆寫起了文章。

「倘若我經得起考驗，上帝會來幫助我的！」他懷著這份信念開始他的寫作生涯。

一年過去了，上帝沒有來；兩年、三年……十年過去了，就在他等待上帝時，希特勒（Adolf Hitler）的部隊先來了。身為猶太人的他，被送進了集中營。

在那裡，他一邊受著非人的虐待，一邊在心裡記下了這一幕幕，他對自己說，一定要堅持下去，只有活下來，才能寫出好作品。這次災難，讓六百萬人失去了生命，他活了下來。

1975 年，他終於寫出他的第一部小說《非關命運》

（*Sorstalanság*）；1977 年，他又寫出他的第二部小說《尋蹤者》
（*A nyomkereső*）；緊接著，他又寫出很多優秀的作品。

就在他不再關心上帝是否會幫助他時，瑞典皇家文學院
宣布：把 2002 年的諾貝爾文學獎授予匈牙利作家因惹‧卡爾
特斯（Kertész Imre）。他聽到後，大吃一驚，因為這正是他的
名字。

當人們讓這位名不見經傳的作家談談獲獎的感受時，他
說：「沒有什麼感受！我只知道，當你說『我就喜歡做這件事，
再多的困難我都不在乎』，這時，上帝會抽出身來幫助你。」

努力和堅持，是一個擁有夢想的人最強大的精神力量。有
了這種強大的力量，夢想路上的任何苦難和挫折，都會變得微
不足道。

不要因為人們的懷疑，就阻礙了你的想像空間，沒有人能
預料未來的面貌會是什麼模樣。因此，多給自己一個開放的想
像空間，就等於多給世界一個無窮的發展機會。

很多年前，飛行還處於螺旋槳式的小飛機時代，這類機型
不但無法長時間飛行，而且運載量低，故障率也高。

美國環球公司為了發展航空科技，特別舉辦了一個有關航
空的徵文，題目是「我心目中的未來航空」。

有一位名叫海倫的參賽者，非常熱愛飛行，她認真地寫下
自己的夢想，她是這麼寫的：

到了 1985 年，噴射飛機裡將能載運 300 位熱愛天空的乘

客，而且最高時速可達 700 英里，總航程可達 5 千萬英里。有的飛機能自由降落。也能在大樓平臺上緊急降落，而我們還可以乘坐著飛機，很快地到達世界的各個角落遊玩，像美麗的夏威夷，或埃及的金字塔。旅程縮短了，生命時間也加長了！

充滿想像的海倫，還對機場的設施與導航裝置等都做了預測。

海倫「夢想」驚呆了所有的人，大家都認為她的夢想只是一個夢而已。

直到 40 年後，創意部門在整理檔案時，統計出這些 40 年前的作品一共有 13,000 份。

大家在整理閱讀時發現這些作品多數明顯保守與缺乏創意，直到他們看見海倫的答案時，大家眼前一亮。

原來，海倫的「夢想」今天已經全部實現，並且是一模一樣。他們決定找到海倫，並頒發獎勵給她。經過一番周折，他們終於找到了海倫，此時的海倫已經 80 多歲，公司把 50,000 美元獎勵給她。

如果海倫大膽的想像獲得當時評審者的青睞，並給予重視的話，她的夢想，也許不必等到 40 年後才實現。

這則軼聞告訴我們，對於自己的夢想，一定要堅持下去。不能因為人的嘲笑，就放棄了你的夢想。即便被別人譏諷為空洞的白日夢，只要認真鑽研，勇於追夢，就會有實現的哪一天。

　　學會用適合你自己的方式來追逐夢想，鍥而不捨地追求夢想，夢想不實現就不要死心。當你有這樣的堅持時，你絕對會比別人成功，因為當一個人滿懷信心的去追求時，他的動力是十分強大的，足以完成他做的任何在別人看來不切實際的夢想──因為每個人的潛力是無窮的。

　　所以，請從現在開始相信自己，勇於追求你的夢想，努力，再努力；鍥而不捨地堅持下去，你終將實現你的人生夢想！

心存夢想，機遇就會籠罩你

在人生的每個階段，只要我們心存夢想，機遇就會無處不在。所以，你不要擔心會失敗，不要害怕沒有退路，只要我們心中有夢，只要我們心中湧動著無限的激情，只要我們能夠堅持心中的夢想，即使不能幹出一番驚天動地的事業，也會讓你收穫生命的各種驚喜！

曾經有這樣一句名言：「心存希望，幸福就會降臨你；心存夢想，機遇就會籠罩你。」

的確，在人生的每個階段，只要我們心存夢想，機遇就會無處不在。所以，你不要擔心會失敗，不要害怕沒有退路，只要我們心中有夢，只要我們心中湧動著無限的激情，只要我們能夠堅持心中的夢想，即使不能幹出一番驚天動地的事業，也會讓你收穫生命的各種驚喜！

我有一個朋友，是「官三代」，其祖父、外祖父都是高官。他從小都是在一個家教嚴格的大家庭長大的。他好學上進，學習成績一直很好，大學入學考試時，他還獲得當地第一名的成績。大學上的是一流的明星大學。

大學裡的他，品學兼優，每到假期，他就去工作。大三下學期，有好幾家著名的外商企業邀請他來工作。因為他是當地的第一名，所以，當地的企業也都向他伸出了橄欖枝。

他卻一一拒絕了這些好企業的邀請，選擇了自費到國外留

學。對於他這一決定，親朋好友都投出了反對票。

人們勸他：「大多數人選擇出國留學，是因為可供選擇的工作機會不多。現在有這麼多好企業留你，而且你選擇工作的空間也大，何必還受那個苦呢。」

他說：「我從小的夢想是當一個翻譯官，雖然我的英語水準在國內是不錯的。但我對自己目前掌握的英語水準不滿意。我要想學一口純正的英語，就得到歐美國家的那種語言環境中去學習。」

極力反對他的父母，以不提供生活費為由阻攔他。他都沒有退縮。

他到國外後，雖然父母給他寄了錢，但他沒有用。而是靠著去餐廳洗盤子來賺生活費。其間的辛酸非親身經歷的人是體會不到的。

剛到國外時，他因為不習慣國外的生活，曾經遇到過很多困難和挫折。為了省錢，他和人合租住宿；為了學好英語，他換過好幾份工作。

為此，他說：「在餐廳洗碗，也需要動腦子的。有的餐廳欺生，加上語言交流不暢，你不知道什麼時候就招來一場災難。發生意外時，通常是拿不到薪水的。我最絕望時，是被一位顧客誤解後被投訴，導致我當天晚上被老闆趕出來。在異國的街頭，幹了一天工作卻沒有吃飯的我，又累又餓，覺得路旁的建築物都比我幸福。要不是心存夢想，我真的想一走了之。」

　　畢業後，他歷經過四次失業，有半月以吃發霉的麵包度日。在他卡上僅剩 10 美元時，他終於找到了工作。這工作正是他夢寐以求的翻譯官。

　　回到自己喜愛的產業中的他，哪裡是把自己當員工，分明就是一個不要命的創業者，他有專業知識，在工作中又自學過很多相關知識，再加上他對這個產業的摯愛和領悟。他的潛力幾乎要突破極限了。

　　有一年，我到國外時，他請我去他家。在提到這段經歷時，他總結說：「在我們的一生中，夢想和空氣一樣是不可或缺的。夢想在，我們才會努力做好手頭的事情；夢想在，我們才能夠在惡劣的環境中堅持下來；夢想在，我們時刻在做著迎接機遇的準備。總之，只要心懷夢想，總有一天，你會換回你想要的一切。」

　　現在的他，是一位年薪七位數字的優秀翻譯官。

　　在追逐夢想的道路上也是固執不放棄，他們心中認定的事情就一定要去實現，他們甚至瘋狂到犧牲在其他方面的東西，只要為了自己想要的東西，其他任何的東西都可以顯得無所謂，讓人確實佩服。

　　夢想是藏在你心裡的最前沿，你只有奮力的向它衝刺，在衝刺的路上，你千萬不要停下你的腳步，那樣會讓你遠離夢想！從小到大，夢想不停變化。每當夢想改變時，就說明我們的知識增加了，思想進步了，對社會的理解也改變了。夢想的

改變，這在我們的人生歷程中必須經歷無數次。但記住，我們追尋夢想的腳步，永遠都不能停止！

夢想的路上也許會有嘲笑，也許會有失敗，也許會有困難，也許會有失望……但是我都不會放棄，即使失敗了，我依然會微笑，然後重新開始。一個人如果連夢想都放棄了，那麼這個人活在這個世界上就沒有什麼意義了吧，我的人生不要沒有意義，我要實現我的夢想！

世界游泳冠軍莫拉萊斯（Pablo Morales）很小的時候就對奧運充滿夢想，夢想著自己將來的成功。1984 年，一個機會來臨了。在洛杉磯奧運上，他在自己擅長的游泳項目中取得了優異的成績，但卻只拿了銀牌，未能實現金牌的夢想。莫拉萊斯沒有放棄，他要奪取 1988 年漢城奧運金牌。可是，他的夢想在漢城奧運預選賽時就煙消雲散，他竟然被淘汰了。

之後，他把這份夢想深埋在心中，跑到康乃爾去唸律師學校了。有三年的時間，他很少游泳，可是他心中始終有股烈焰，他相信自己是第一流的人物，一定會拿到奧運金牌。在距離 1992 年巴塞隆納奧運不到一年的時候，莫拉萊斯決定再次參加奧運。很多人認為，在游泳這項屬於年輕人的賽事中，他算是高齡了，看上去就像是拿著長矛戳風車的現代唐吉・訶德（Don Quixote），他想贏得 100 公尺蝶式比賽的想法簡直愚不可及。

事實上，莫拉萊斯也意識到了這一點，他知道每個參賽選手都是一流的，但是他認為自己更是一流的。他始終保持著這

種自信的心態，不停地訓練，他在心中仔細規畫賽程，不斷地加強想像。到後來，不用一分鐘，他就能在心裡將比賽從頭到尾像清澈水晶般模擬一遍。他相信自己會占盡優勢，超越對手，一路領先。

那一天，莫拉萊斯真的站在了領獎臺上，頸上掛著令人驕傲的金牌。憑著積極心態，實現了自己的冠軍夢。

在 1984 年的奧運中，莫拉萊斯被認為是最有實力的金牌得主，可他發揮失常，與金牌擦肩而過。但他卻沒有氣餒，又繼續向 1988 年的奧運發起挑戰，不過仍然以失敗告終。他有些沮喪，但在他心裡拿奧運金牌的夢想始終沒有破滅，於是他又向 1992 年的奧運打拚。這時的他已是三十多歲的運動員高齡了，在屬於年輕人的游泳賽事中要想獲得金牌就像天方夜譚一樣。不過他卻憑著執著的信念，不滅的夢想，用生命的光輝點燃了人生的奇蹟，最終他不僅獲得了冠軍，還創造了一個新的世界紀錄。

夢想，一個很美麗的詞語，我們為夢想付出了那麼多，很多人會說不值得，但是。等到成功的那一刻，什麼付出都值得了！從哪裡跌倒就從哪裡站起來，風雨過後一定會有彩虹的，我堅信只要我努力，就一定會取得成功。

每個人出生在這個世界上，都是為了長大為了自己想要的生活，為了活得更有意義，各懷著不同的夢想，努力地在實現夢想的道路上奮鬥，有的人會半途而廢，而有的人則在追逐夢想的過程中真的是拚盡全力。

夢想的源頭是幸福

人生在世，正是因為每個人對夢想的不同選擇，才決定了我們彼此不同的命運。一個奔走在追夢路上的人，雖然很苦很累，但是他是幸福的。這是因為夢想的種子來自幸福的種子！

幾年前，我在飛機上，聽到兩個年輕人抱怨。一個說：「一進入大學，我感到特沒勁，做什麼也不開心快樂，每天就是在混日子。」

另一個說道：「那是因為你沒有夢想。你看我，我的夢想是當一個新聞記者。雖然我學的不是新聞專業，但我在大學期間抽空看了很多相關的書。假期裡還到報社工作，幹的是送報紙的工作，賺的錢少不說，還特別辛苦，可我一想到這離我的夢想很近，我心裡就特興奮，感到很幸福……」

我聽著他的話，在心裡為他叫好。

一個真正熱愛夢想的人，不管在何時何地，只要一想到那絢爛的夢想，心中就油然而生一股美妙的感覺來 —— 這是夢想賜給我們的幸福感覺。

夢想的源頭，站著幸福之神。無論你與幸福之神是否相遇，只要夢想在，你就會滿心快樂，有幸福的感覺。就像有人說的那樣：「一個人至少擁有一個夢想，有一個理由去堅強。心若沒有棲息的地方，到哪裡都是在流浪。」

有了夢想，你的心不會流浪，而是被幸福漫漫地包圍

起來。

　　小時候，我的夢想就是當一個企業家。一有時間，我就找來企業家傳記看。看完一本書，我就思考，夢想自己將來要創辦什麼樣的公司，甚至還用筆畫下自己辦公室。小學畢業前，我看過的書，疊起來比我人還高。令父母擔心的是，我看起書來，經常會忘了吃飯。

　　母親怕我不按時吃飯會影響身體發育，就問我：「你每天讀書，為什麼不嫌煩呢？」

　　我大聲回答：「因為我的夢想和書裡的人一樣，要當一個企業家。」

　　上中學後，我的夢想清晰起來，就是想當一個投資者。畢業後，雖然我的工作不錯，也是我喜歡的金融產業。但我仍然在幾年後，毫不猶豫地選擇了創業，創業過程中，我吃了不少苦頭，但我一點不覺得累，反而感到很幸福。

　　一個人的輝煌成就只能在青春時期創造，或打下基礎。因為青春時期的我們，為了實現夢想，讓我們擁有奮鬥的激情和不達目的不罷休的倔強勁兒。

　　在青春年華裡，我們每個人心中都懷揣著美好的夢想，如果你在奮鬥時，敢跟自己「拚命」，還有什麼能夠阻擋得住你追逐夢想的腳步？

　　當我們在年老的時候，回憶往昔，能夠對自己發出這樣的感嘆，也算這輩子沒有白活。所以，我們在年輕時為夢想努力

打拚，不只是為了摘取夢想桂冠，更多的是享受為夢想打拚的那冒險、刺激的過程！

在日本，有一家名叫「天邊」的居酒屋（日式餐廳）。這個餐廳與眾不同。每位顧客在開啟餐廳門的瞬間，你就能聽到六、七名迎賓職員的齊聲招呼「歡迎光臨！」就連廚房的師傅們也熱情加入了餐廳服務生的行列，一起問候出現在店門口的顧客。

我觀察到，他們對每一位出入的顧客都是如此。當飯桌前的顧客稱讚師傅的廚藝時，所有職員整齊如一地向著那位發出稱讚的顧客送上 90 度的躬身行禮；當服務生看到顧客準備碰杯時，就會走過來詢問準備用什麼祝酒詞，並且在將內容記下後走開了。隨後，在顧客碰杯時，所有職員一齊吶喊顧客的祝酒詞。有顧客問他們，這樣做是不是太麻煩了？他們回答：「這就是我們店裡的風格。」

最讓人驚訝的是，所有員工都是從早到晚拚命地幹活，並且還能做到始終對客人保持微笑。有位顧客曾好奇地問一位職員：「我看你們工作得這麼拚命，這裡的薪水一定比別的地方高吧？」

這名職員一臉幸福，驕傲地回答：「薪水雖然高不到哪裡去，但我們努力工作是因為我們有夢想。」接著，他指向餐廳的牆面。典雅的牆上貼著很多精緻的卡片，他說每張卡片上都記載著一位職員的夢想。他自己的夢想就是成為一名優秀的廚

師,將來開一家自己的餐廳。

這就是夢想的力量,能讓我們在做事情時甘願付出全力。可以說,夢想是我們向前走的動力。心懷夢想的人,永遠是一個幸福的人!有夢想的人,做任何事情都不會瞻前顧後,做什麼決定都不會優柔寡斷,因為他明白,自己的夢想必須由自己來實現,而不是由他人來實現。

夢想,讓我們不再視苦難的生活為洪水猛獸,而是覺得那是上天在考驗我們對夢想是否真心。不知道從什麼時候開始,在一次次苦難面前,我們變得樂觀自信、積極向上,成了苦難打不敗的「小強」。久而久之,日子也因此變得充實豐滿起來。由此來看,與其說是我們在追逐夢想,不如說是夢想在開啟我們的幸福之路。

有夢想在,讓我們的生活不再枯燥;有夢想在,我們不會羨慕任何人;有夢想在,我們做什麼事情都有了目標;有夢想在,我們會成為一個連自己都驚訝的惜時如金的好學之人!

在一個北風凜冽的冬日早上,我開著豪車去機場接朋友,路過一個公車站時,幾個等車的人,都忍不住盯著我的豪車看,只有一個穿著舊夾克的年輕人,揹著鼓鼓的包,手裡拿著書,在大聲地讀著。

那一刻,我感慨萬千。我想起自己當年初創業時,也曾經像他這樣,不捨得浪費半點時間,很多次,我站在寒風中等車時,捧著書讀。那時我讀的是國外一本關於投資學的書。

人生在世，正是因為每個人對夢想的不同選擇，才決定了我們彼此不同的命運。一個奔走在追夢路上的人，雖然很苦很累，但他是幸福的。這是因為夢想的種子來自幸福的種子。

生活原本是枯燥的，一個成年人的日常是吃飯、回家、睡覺三部曲。幸好有夢想的種子落在這重複繁瑣的日子裡，藉著我們的努力在我們心中生根發芽後，夢想未來的藍圖令我們的生活變得豐富多彩起來！

實幹也能成就夢想

　　白朗寧（John Browning）說過一句話：人類的偉大不在於正做什麼，而在於他們想做什麼。的確，一個人可以一無所有，但不能沒有夢想。因為夢想，我們才屢經坎坷信心不減；因為夢想，我們才歷盡磨難前行不止。

　　然而，再美好的夢想，都需要實幹的精神來支撐。我們每一個人都應該從實幹做起，從現在幹起，實實在在做好每件事，用實幹成就自己的事業。有了「實幹精神」，夢想才不至於僅限於夢而已！

　　愛迪生（Thomas Edison）是偉大的發明家。他發明的留聲機、電影攝影機、電燈對世界有極大影響。他一生的發明共有 2,000 多項，擁有專利 1,000 多項。愛迪生被美國的權威期刊《大西洋月刊》（ *The Atlantic* ）評為影響美國的 100 位人物第 9 名。

　　他對那些稱讚他是天才的人反駁說：「這完全是假話，艱苦的工作才是實在的。我的發明是靠實踐得來的，絕不是什麼天才。」

　　當有人問起愛迪生的成功祕訣時，他說：「要幹，一直幹到底，不成功決不罷休，要有毅力才行。」這些話，既表達了他從事創造發明的目的，也反映出他為達到這一目的而付出了何等艱鉅的勞動。同時還告訴我們，唯有實幹，才有成功。

　　愛迪生從小對科學研究充滿興趣，他的夢想就是當一個發明家。據說他為了找到一種既能發光又不會立刻被燒毀的燈絲，愛迪生到圖書館翻閱了數百種技術數據，做了 200 多本數據摘要。與此同時，他對各種有可能被用作燈絲的材料進行了廣泛的實驗。

　　年輕時的愛迪生是一個十足的實幹家。他一心埋頭工作。有人過這樣計算過：「五十年中，愛迪生在他的實驗室裡或工廠裡，每星期的 6 天，甚至 7 天，常平均有 18 小時的日常工作。以多數人每日 8 小時的工作計算起來，他在建設的工作上所貢獻的時間，普通人要費 125 年的勞力。」一位跟隨他多年的人描寫初次見到愛迪生的情形：他無異於普通青年，油垢滿身，好像工匠一樣，蓬首粗服，彷彿是個流浪漢，但是心胸深廣，一見到他，就令人油然起敬。」

　　愛迪生對科學發明的專注精神，令所有的人嘆為觀止。

　　一天早晨，僕人送早點來時，他正昏昏地睡著，僕人不敢去驚動他。但這時，他的助手已吃完了早餐，趁著片刻的休閒，有心愚弄他一次 —— 他把雞蛋火腿等空碟子放在愛迪生面前。等愛迪生醒來，看見這些空碟子，喝乾了的咖啡杯子，和滿桌的麵包屑，他懷疑地擦了擦眼睛，思想了一下，以為他確已用過早餐，於是，他照例吸完一枝香菸後開始工作了！直到他的助手們哈哈大笑以後才知道是被作弄了！

　　1871 年聖誕節，是愛迪生與瑪麗小姐（Mary Stilwell）結

婚的日子。他做起實驗來竟把這個日子忘了，一直工作到深夜，留下新娘一人在洞房裡空等著他。

愛迪生是一個不尚空談，持之以恆的實幹家。1914 年，愛迪生的實驗所失火焚毀了，損失達 400 萬美元。這一重大打擊並沒有使他停頓下來。他說：「我已 67 歲，但還不算太老，我要重新做起。」

1924 年 5 月，美國投票選舉國內最偉大的人。愛迪生得票最多，光榮當選。美國頒授給他一枚特級國會榮譽勳章，這是國家的最高獎賞。這時愛迪生已經 77 歲，還是照樣「一天幹兩班」，從來沒有想到要退休。他的座右銘是：「我探求人類需要什麼，然後我就邁步向前，努力去把它發明出來。」

愛迪生的大量發明，固然是適應當時社會生產發展的需要而來，但是，他那嚴肅認真和重視實踐的科學態度，刻苦鑽研和勤奮工作的精神，以及實幹的精神，則是他取得成功的重要因素。

勇於實幹才能成就個人出彩的人生，繼而實現人生的夢想和社會價值，我認為這才是夢想的最終歸宿。

在實幹中追逐夢想。就是讓我們要一步一個腳印，不要總想著走捷徑。少一些譁眾取寵，少一些急功近利，不因浮華而隨波逐流，不因挫敗而心懷怨氣，在堅定的信念下耐得住寂寞，用汗水和智慧來實現夢想。

無論在什麼年代，以實幹贏自信，以實幹論英雄。沒有透

過實幹創造出來的豐碩成果，也沒有透過實幹總結出來的豐富經驗，沒有實幹的精神，就不可能贏得美好的明天。

在我身邊，我經常聽到一些年輕人抱怨工作難找，但找到工作後，又抱怨為工作所累，害得他們沒有時間去實現自己遠大的事業夢想。

但你有沒有想過，很多時候，你眼中的事業和夢想，是要立足於現實的。任何一個夢想要激發力量、鼓勵奮鬥，是離不開現實的深厚基礎的；夢想要開花結果、落地生根，更有賴於現實的強力支撐。

如果你想靠自己實現夢想。那麼，工作，則不失為實現事業和夢想的最好途徑。別在最應該奮鬥的青春時刻選擇安逸，我們必須不怕吃苦，在實幹中經受考驗，磨練意志，才能成就夢想！在實幹中贏得自信，在實幹中勇於奮進，在實幹中實現夢想！祝福自己吧，因為你擁有你的夢想；為自己感到自豪吧，因為你為夢想插上了勇於實幹的翅膀！

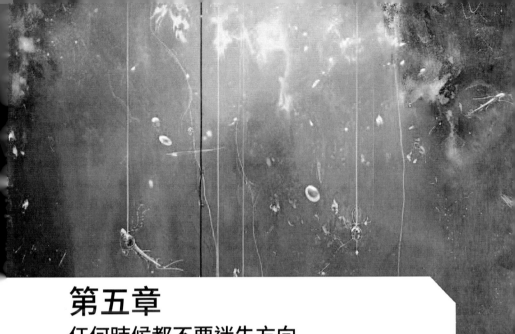

第五章
任何時候都不要迷失方向

目標越精準，未來越美好

在漫長的人生之路上，我們需要設定好自己前行的目標，有了目標才有前進的動力，有了動力，我們才能激勵自己不斷地向前衝。

美國 19 世紀哲學家、詩人愛默生說：「一心向著自己目標前進的人，整個世界都給他讓路！」

在漫長的人生之路上，我們需要設定好自己前行的目標，有了目標才有前進的動力，有了動力，我們才能激勵自己不斷地向前衝。

一個老獵人有三個同是獵人的兒子，在三個兒子中，三兒子獵術高明、身手了得。

有一次，父親帶著三個兒子到草原上打獵。他們在目的地開始行動之前，父親問三個兒子：

「在打獵之前，你們看到什麼了？」

老大第一個回答：「我看到了我們手裡的獵槍，在草原上奔跑的野兔，還有一望無際的草原。」

父親搖搖頭說：「錯。」

老二說道：「我看到了爸爸、大哥、弟弟、獵槍、野兔，還有茫茫無際的草原。」

父親仍然搖頭：「不對。」

老三望著草原上奔跑的野兔，回答：「我看到了野兔。」

父親高興地說：「回答得非常正確。」說著轉身對大兒子和二兒子說：「你們的弟弟之所以槍法準，是因為他狩獵時對獵物的目標定得精準，在他眼裡，只有野兔。」

這個故事引申出的道理，同樣適用於我們「管理人生」。我們在追求成功時，必須做到精準地定位目標，比如，你想在工作上取得成就，你就得列出要達到的目標。

我公司業務部有 8 個人，分了 4 個小組，2 個人一個小組。4 個小組中，L 和 J 的小組每個月的業績都能達到 100 萬元的回款率。半年中，他們的回款率比其他 3 個小組的總和都要多。

在談到經驗時，L 說到：「我們每個月都會定目標，比如說，這個月定的回款率是 100 萬。我們就朝著這個目標去做。有一次，都到月底 25 號了，我們才要回 50 萬，還有一半沒有要回來。目標就是方向，我們想盡一切辦法向客戶要回款，甚至到外地親自上門拜訪。居然在當月的 31 號，成功地要回 60 萬元回款。比上個月超出 10 萬元。」

J 總結道：「我覺得目標就像工作的指南針，讓我們清楚地知道怎樣工作，才能不偏離方向。只要方向一直是對的，我們就能順利地達到所定的目標。」

由此來看，我們定的目標越精準，我們的動力越大，未來也就越美好。那些成功的人，就是因為目標定位比較精準，他們的付出跟收穫才能成正比。

我們很多人在日常生活中，喜歡幻想和憧憬所要達到的目標，每天想著那個虛無縹緲、飄忽不定的目標，並不付諸於行動。這樣做的結果是，幾年後，你還停留在原地，你的目標早成為別人的勝利果實了。所以，一個人要想走好自己的路，一定要鎖定目標，並付諸於行動，這樣才能逐漸實現一個具體的目標。

一場雪後，一位父親指著遠方的一棵樹對兒子說：「我們一起向著那棵樹的位置走，看誰的腳印走得更直。」兒子心想：「這很簡單，只要腳跟並腳尖一步步走，我贏定了。」

結果出來了，父親的腳印卻是筆直的一串，像是用機器壓製出來的一樣整整齊齊，而兒子的腳印卻歪歪扭扭不成樣子。

兒子忙問父親原因，父親說：「我在走的時候並沒看腳下，只鎖定了那棵樹的位置，眼睛一直盯著那棵樹，這樣就很容易地走成了一條直線。」

人一旦有了明確的目標，你才有奔跑的動力，你才會在實現目標的道路上少走彎路。這就好比你要去超市買米。那麼你到了超市，會直奔賣米的區域，並且很快就能買好後回家。若你沒有目標，你去超市就會兜兜轉轉，轉到賣米區，才想起家裡缺米，這樣豈不是白白浪費時間？

有位開公司的朋友經常向我訴苦，說他從創辦公司到目前，一直處於「用人荒」的階段，他的公司常年在各大網站掛著應徵廣告。

「每年新聞上都報導，說幾十萬大學生失業，可我這裡為什麼就招不到人呢？」他無奈地說。

我說：「是不是你招人的條件太苛刻，或者給出的薪資太低？」

他說道：「還真不是。」

接著，他向我講了他招人的薪水和條件。我聽後覺得他給出的待遇在同行業中算是最高的。更難能可貴的是，他應徵條件中最重要的一項是，應屆生優先。

「我覺得剛畢業的年輕人，有夢想，有想法，有一股初生牛犢不怕虎的闖勁，」他娓娓道來，「年輕人在年齡上有優勢，有大把的時間來成長，我想把一些有能力的員工培養好後，成為公司的高級主管。」

我很贊同他的想法，就向他介紹了當過我助理的小張。

小張畢業於某名校，在學校當過很多小「主管」，一到假期就去公司做兼職，別看他畢業不到半年，但他已經有工作經驗了。他多次對我說，他未來的職業發展方向，是到大中企業做高級主管。

去年年底，小張聽過我的課後，自願要當我助理，說是想學習一些管理方面的知識，這樣更有利於他未來的工作。當時正趕上我工作忙，就答應了。幾個月後，我對他的工作很滿意，他做事有計畫、交際能力也強，後來他準備考試，就辭掉了助理的工作。

朋友聽我講到小張這麼優秀，希望我把小張介紹到他公司做部門經理。我一口答應下來。

在給小張打電話時，我有點拿不準的是，像小張這麼優秀的人，可能早找到理想的工作了吧。

我懷著試試的心情撥通了小張的電話。幾句寒暄後，得知他還沒有工作，就直入正題，讓他先上網登入我朋友公司的網站，了解公司的一些情況，如果覺得有意思，就直接跟朋友聯繫。小張答應了。

朋友的公司雖是私人公司，但只要小張好好幹，在這裡是有發展前途的。

半月後，朋友給我打來電話，對我說小張已經入職他公司了，向我表示感謝。

這件事讓我深有感觸，無論是我們找工作，還是公司招員工，要想招到合適的，真的是要在對的時間遇到對的那個人。就像結婚對象一樣。

幾個月後，我有事給朋友打電話，順便問起小張的事。朋友說，小張在他這裡幹到第三個月時，就以「家裡讓他回老家發展」為由辭職了。

「他在試用期，我就讓他享受正式員工的待遇，並承諾他，若做得好，半年後就提升他做部門經理。可年輕人的心太浮躁，等不及啊。」朋友無奈地說。

我安慰朋友，說小張或許真是回老家了，在大城市生活和

工作，壓力確實很大。

由於工作忙，我很快就把這件事忘掉了。事有湊巧，年底我到小張老家的城市出差，培訓一家企業的員工，忙完工作後，我才跟小張聯繫。

他在電話裡告訴我，他目前在北京，正找工作呢。不等我提問，他便說起離開我朋友公司的原因，他說，其實那家公司各方面都不錯，唯一覺得遺憾的是薪資低，做的工作太繁瑣，每天忙得沒意義，讓他覺得自己在那裡有點大材小用。

接著，他羅列出在北京的各種開銷，並說：「公司也不給配車，出去談業務是不是有點寒酸？我的同學大多在國營事業和外商公司，在國營事業的有大把的時間忙自己的事業，在外商的可以安心賺錢。我待在那種私人公司，一個基層小員工，不知道等到何年何月才能升到高級主管呢。到頭來，錢，錢賺不到；時間，時間耗費了。太憋屈了，我這不是浪費青春嗎？事業對於男人來說很重要，我不能草率對待。」

聽了小張的話，我竟無言以對，他的話或許有點道理。但仔細想想，又覺得少了點什麼？他說未來的志向是高級主管，卻一直糾結著薪資低、工作繁瑣，還不時地與同學比較。

實際上，一個清楚自己遠大志向的人，在工作中是有目標的，他會把全部精力花在工作上，哪有時間胡思亂想、患得患失？

你能被一家公司選中，說明你在某方面還是有價值的。你

之所以沒有做好工作，是因為你的志向很模糊，導致了你的努力極其盲目。

你每天疲於奔命，都來不及停下思考：自己工作的方向是正確的嗎？

你沒有方向，你只不過是在堅持一個錯誤。再苦再累再忙碌都沒有意義。

你最該做的，是要想清楚自己的策略和方向，有了方向，你在工作中就不會瞎忙，更沒有閒心與周圍的人比較了。

幾年前，N 和 M 一起從某名校畢業。兩個月後，N 找好工作入職時，M 卻還在幾家大公司之間做選擇。

M、N 和小張的想法一樣，想趁著年輕，找一份有助於實現事業夢想的工作。他們的夢想是創業當老闆。

M 在一年後，終於找到理想中的工作，一年沒有幹完又換了。他說一旦工作起來，發現這份精挑細選好不容易等來的工作，與想像中大不一樣，幹著幹著就厭了，做著做著就倦了。一著急就任性，然後辭職。

辭職後，因為嘗過工作的枯燥和重複，M 再找工作時比第一次更挑剔。幾年下來，他有工作經驗，經歷也不少，後來終於在一家大公司安穩下來，現在是中層管理人員。而 N 呢，早已經是公司老總了，他就是我前面提到的那個為應徵員工發愁的朋友。

N 在談到他當年找工作時，說道，他當時就想找一份工作

來鍛鍊自己。他聽說銷售這行業最鍛鍊人，就鎖定這類工作來找。開始幹時確實吃了不少苦頭，而他同學的工作都比較好，紛紛勸他轉行。但他想：「我的志向是未來當老闆，這點苦算什麼。我在這裡不能把自己當員工。」

有了奮鬥的目標，他不再同任何人比較，並把工作中的壓力化動力，等做出業績後，公司給他升遷加薪。再後來，他感到自己有能力單幹時，就辭職當起了老闆。

世界上最快樂的事，莫過於為夢想而奮鬥。但夢想的成功，需要自己去經營。卡繆（Albert Camus）說，對未來的真正慷慨，是把一切獻給現在。所以，從現在起，為你的工作做個規畫，定個方向。

有了方向，你做什麼工作都不會再盲目，更不會有那種「這山望著那山高」的心理，這就好比駛在海中的船，如果沒有方向，任何風向都不是順風。當你在工作中有了方向，有了明確的日標，你的努力就不會白白浪費。你會在堅持的過程中，等到助你前行的「風向」，然後送你快速到達終點。

選定方向，你的人生將有無限可能

人生從選定方向開始，無論幹任何事情，一定要找準適合自己的方向。對於一艘沒有航向的船來說，任何方向的風都是逆風。成功也是如此，你只有選對了方向，再不斷地細化前進的目標，按照設定的目標不斷推進，一步一步的，成功就會在不遠的地方等你。

比賽爾（Bissell）是西撒哈拉沙漠中的一顆明珠，每年會有數以萬計的旅遊者到這裡旅遊。可是在肯‧萊文發現它之前，這裡還是一個封閉而落後的地方，由於這片貧瘠的土地沒有樹木，居住在這個地方的人無法辨清方向，所以，這裡的人都無法走出大漠。

肯‧萊文來後，他用手語問當地人問：「為什麼不去看看外面的世界？」每個人的回答都一樣：「從這裡無論向哪個方向走，最後都還是轉回出發的地方。」

肯‧萊文不信，決定親自做嘗試，他從比塞爾村向北走，結果三天半就走了出來。

「我這麼快就走了出來，為什麼比塞爾人走不出來呢？」肯‧萊文感到困惑不解。為了弄清楚原因，他僱了一個叫阿古特爾的年輕人，讓他帶路。他們帶了半個月的水，牽著雙峰駱駝，肯‧萊文收起指南針等現代裝置，只挂一根木棍跟在後面。

十天過去了，他們走了大約八百英里的路程，第十一天的早晨，他們果然又重新回到比塞爾。直到此時，肯‧萊文才找到答案：由於比塞爾人不認識北斗星，所以才走不出大漠。

在一望無際的沙漠裡，一個人如果只憑著感覺往前走，他會走出許多大小不一的圓圈，最後的足跡十有八九是一把捲尺的形狀。而比塞爾村又處在浩瀚的沙漠中間，方圓上千公里的沙漠沒有一點參照物，若不認識北斗星又沒有指南針，要走出沙漠的確是一件困難的事情。

肯‧萊文在離開比塞爾時，帶著阿古特爾，並告訴他：「只要你白天休息，夜晚朝著北面那顆星走，就能走出沙漠。」阿古特爾照著去做，三天後果然來到了大漠的邊緣。

阿古特爾成為比塞爾的開拓者，他的銅像被豎在小城中央。銅像的底座上刻著一行字：新生活是從選定方向開始的。

由此來看，我們要想讓自己的人生變得精彩，就必須選定方向。方向正確，你即便走得慢，也能收穫令你驚喜的成功；方向錯了，即使你走一輩子，也仍然會讓你原地踏步。這就是為什麼同樣是努力打拚，為什麼有的人在打拚十多年後，能成為產業的菁英、大咖，甚至於獲得非同凡響的成功。

在生活當中，我們要想取得成功，必須學會在雜亂中建立起秩序來。就像肯‧萊文為阿古特爾尋找「北斗星」一樣。在茫茫的沙漠上，當北斗星成為肯‧萊文前行的方向時，他辛苦的跋涉才不會徒勞無功。

　　我的表妹從小喜歡唱歌。有一次，她對我說，想參加電視臺舉辦的歌唱大賽。說實話，表妹從三四歲時就學舞蹈、音樂，在歌唱方面還是有天賦的。只是上中學後，因為課業壓力，她不再像小時候那麼頻繁練唱了。

　　「你基礎好，參加比賽不是還有半年時間嗎？你可以利用這半年時間來練習啊。」我鼓勵她。

　　「可是，我聽說這次參加的都是一些獲過大獎、受過專業訓練的人，你說我會不會在初選就淘汰了？」她不無擔憂地問我。

　　「你可以將這次比賽當作一次鍛鍊，就朝著能進入初賽來訓練。」我說，「有了方向，你在訓練時，為自己定一個個小目標，比如，第一週，你要在發音上達到什麼水準；第二週，你要在歌唱技巧達到什麼水準……以此類推，相信六個月後，你能收到可喜的成績。」

　　她聽後，按照我說的那樣去做。半年後，她在試唱時，效果出乎所有人的意料。比賽時，她不但順利地進入了初賽，在複賽時也取得了不錯的成績。

　　目標是需要分解的，一個人制定目標的時候，要有最終目標，比如順利進入初賽，更要有明確的績效目標；比如在某個時間內發音、技巧提高多少。最終目標是宏大的，引領方向的目標，而績效目標就是一個具體的，有明確衡量標準的目標。

　　當目標被清晰地分解了，目標的激勵作用就顯現了，當我們實現了一個目標的時候，我們就及時地得到了一個正面激

勵，這對於培養我們挑戰目標的信心作用是巨大的。

我們要明白，一個人的潛力是無窮的，他真正的人生之旅是從選定方向開始的。然而，在漫長的人生之路上，要想有所成就，除了有方向，還要為人生的每個階段設定目標。這樣才能在人生之路上建立秩序，找出一個正常的步調，確定一個個目標。等這個目標實現了，繼續下一個目標。為此，有人說，大的成功是由小的目標鋪墊而成的。

美國汽車大王亨利‧福特（Henry Ford）12 歲那年，隨著父親駕著馬車到城裡，偶然間見到一部以蒸汽為動力的車子，他覺得十分新奇，並在心中想著：「既然可以用蒸氣為動力，那麼用汽油應該也可以，我要試試。」

雖然這是個遙不可及的夢想，但是從那時候起，他便為自己立下了 10 年內完成一輛以汽油為動力的車子。

他告訴父親說：「我不想留在農場裡當一輩子的農民，我要當發明家。」

然後他離開家鄉到工業大城底特律去，當一名最基本的機械學徒，逐漸對於機械有了更深入的了解。工作之餘，他一直沒有忘記他的夢想，每天勞累地從工廠下班後，仍孜孜不倦地從事他的研發工作。

29 歲那年，他終於成功了。在試車大會上，有記者問他：「你成功的要訣是什麼？」福特想了一下說：「因為我有遠大的目標，所以成功。」

　　人生只有一次，我們不但要選對方向，還要儘早設定目標。只有確立自己的目標才有成就最好自己的可能。列夫·托爾斯泰（Leo Tolstoy）曾說過：「目標是指路明燈。沒有目標，就沒有堅定的方向；沒有方向，就失去前進的力量。」

　　一個人要想成功，必須真正深入地分析自己的優勢，了解自己的喜好。一旦有了明確的人生目標，你再朝著一個方向持久地努力奮鬥，一定能夠取得成功。

　　一般來說，我們在設定目標時要重視以下四個因素，如圖5-2：

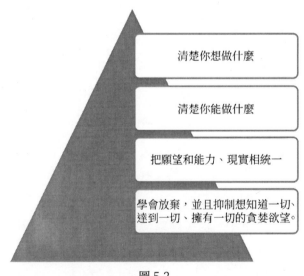

圖 5-2

擁有什麼樣的目標，就擁有什麼樣的人生

你擁有什麼樣的目標，就擁有什麼樣的人生。所以，你今天站在哪個位置並不重要，但你下一步邁向哪裡卻很關鍵。而決定你邁向哪裡的，取決於你所定的目標的高度。

你擁有什麼樣的目標，就擁有什麼樣的人生。所以，你今天站在哪個位置並不重要，但你下一步邁向哪裡卻很關鍵。而決定你邁向哪裡的，取決於你所定的目標的高度。

人生要有一生的目標，一個時期的目標，一個階段的目標，一天的目標，一週的目標，一月的目標，一年的目標。一位哲人說過這樣一句話：「偉大的目標構成偉大的心靈，偉大的目標產生偉大的動力，偉大的目標形成偉大的人物。沒有遠大的目標會使人失去動力！沒有具體的目標會使人失去信心！」

唐太宗貞觀年間，長安城西的一家磨坊裡，有一匹馬和一頭驢子。牠們是好朋友，馬在外面拉東西，驢子在屋裡推磨。貞觀三年，這匹馬被玄奘大師選中，出發經西域前往印度取經。

17 年後，這匹馬馱著佛經回到長安。當牠重新回到磨坊會見驢子朋友時，老馬談起這次旅途的經歷，娓娓道來：「浩瀚無邊的沙漠，熱海的波瀾……」驢子聽得入了迷，不由得驚嘆道：「你有多麼豐富的見聞呀！可是那麼遙遠的道路，我連想都不敢想。」

老馬說：「其實我們跨過的距離是大體相等的，當我向西域前進的時候，你一步也沒停止。不同的是，我和玄奘大師有一個遙遠的目標，按照始終如一的方向前進，所以我們開啟了一個廣闊的世界。而你被矇住了眼睛，一生就圍著磨盤打轉，所以永遠也走不出這狹隘的天地！」

亞歷山大（Alexander the Great）說：「基本上，一個人能成為什麼樣的人不在於他出身如何，而要看他如何造就自己。」這裡說的「造就」，就是指我們對自己人生的規畫。大部分成功者，在總結成功經驗時，他們說最多的一句話就是：「在做事情前，我會為自己定好清晰的目標。」

人生如大海航行，人生規畫就是人生的基本航線，有了航線，我們就不會偏離目標，更不會迷失方向，才能更加順利和快速地駛向成功的彼岸。好的人生離不開好的規畫，成功人生更離不開成功的規畫。

規畫的好處就在於，我們絞盡腦汁地為要做的事情制定目標，這會讓我們在做事情時不至於被動。更為可喜的是，有了目標，我們會為自己的理想而努力，對於自己理想以外的事情不會過多關注。因此，想創業的人真的成為了企業家，想當作家或是畫家的人也有可能真的夢想成真了。這就是目標所起的作用。

比爾蓋茲小時候是一個聰明好學的孩子，他特別喜歡讀書，記憶力非常好。1967 年，蓋茲到著名的私立中學湖濱中學

（Lakeside School）去讀書。這所中學在 1960 年代就購置了一臺電腦，是美國最先擁有電腦並開設電腦課程的中學之一。

1968 年，當比爾蓋茲在湖濱中學第一學期結束的時候，學校開設了電腦課程。有一次，老師帶領全班同學到電腦房參觀，在老師的監督下，蓋茲在電腦上輸入了幾條指令，這臺電腦馬上與幾公里以外的另外一臺電腦聯通，資訊馬上就回饋了回來，蓋茲被電腦這個神奇的東西迷住了。沒過多久，蓋茲就開始學習設計和編寫程式。

由於當時美國的電腦業發展迅速，蓋茲和他的好朋友艾倫（Paul Allen）在湖濱中學時有關電腦的知識已經相當完備，他們的程式編寫小組在教師中間都已經相當有名氣。後來，蓋茲上了哈佛大學，艾倫則在波士頓找了一份程式設計員的工作。1975 年 2 月，他們完成了第一套微電腦程式的開發。蓋茲和艾倫開發的 BASIC 語言程式，在 1970 年代已達到了相當高的水準，使用方便而不會一錯到底，此外，也不容易引起電腦當機。在此後的五六年間，這套程式一直在市場上居於領先地位。

關於這套語言程式，蓋茲曾經說：「這是我人生最關鍵的時刻，我已確定了今後的發展方向。」這也就是說，在這時，比爾蓋茲確定了自己的發展目標。

有了發展目標，就開始向著實現發展的目標去努力。

1970 年代中期，當時很多人認為微電腦至多只是一種玩

具，但蓋茲和艾倫卻看到了這種「玩具」所蘊含著的巨大商機，因為它可以給使用者提供極大的方便，同時它也可以給製造商們提供鉅額財富。這種超越於時代的想法使蓋茲和艾倫邁出了發展的第一步，也是最重要的一步。1975 年 5 月，兩個年輕人做出了對世界電腦業的發展具有決定性作用的決定：在新墨西哥州的阿布奎基市（City of Albuquerque）創立微軟公司，為各式各樣的電腦提供軟體。隨後，蓋茲為了盡快實現自己的人生目標，又下了一個重要的決定：從哈佛大學退學自主創業。

我們先不說蓋茲和艾倫後來的發展，單就他們在這一階段的經歷來說，當他們確定了自己的發展目標，就開始朝著這個目標去努力，包括蓋茲從世界著名的哈佛大學退學。他們把人生所有的「賭注」都押上了。

由此來看，對於我們來說，制定了什麼樣的目標就決定了你人生的軌跡，目標會成為你的動力，促使你向前進。所以，一定要有遠大的目標，只有這樣才有成大事的可能，只有小目標、小富即安的人是不能成大事的。

蕭伯納（George Bernard Shaw）有一句名言：「明白事理的人使自己適應世界，不明白事理的人，硬想使世界適應自己。」人生就是在這種不適應中，調整適應，發展適應的長河中前進的。在人生的每一個漂流中，可能會遠離我們的人生座標。問題在於，我們要學會在遠離目標的時侯，去創造條件，接近目標。

梭羅（Henry Thoreau）說，一棵樹長到一定的高度，才知道怎樣的空氣更適合。人也是如此，在人生的道路上，重要的不在於你所處的地位是多麼卑微，或者從事的工作多麼地微不足道，只要你強烈地渴望攀登成功的巔峰並願意為此付出艱辛的努力，那麼總有一天你會喜笑顏開如願以償。

曾經有位老師說過：「如果你的目標是做星星，就算落下來也比樹高。」有什麼樣的目標，就有什麼樣的人生。

上天對我們每個人都是公平的，但為什麼絕大多數人會平庸一生？其中最大的原因就是因為從來不為自己的人生制定目標，過著得過且過的生活。即使偶而心血來潮制定目標，也會為自己尋找各種藉口不去堅持。正是由於不制定目標，才讓我們跟成功者之間有了差距。

哈佛大學曾做過這樣一個著名的實驗：

在一群智力與年齡都相近的青年中進行了一次關於人生目標的調查，結果發現：

3%的人有十分清晰的長遠目標；10%的人有清晰但比較短期的目標；60%的人只有一些模糊的目標；27%的人根本沒有目標。

25年後，哈佛大學再次對他們做了跟蹤調查，結果令人十分吃驚。那3%的人全部成了社會各界的菁英，產業的領袖；那10%的人都是各專業各領域的成功人士，生活在社會的中上層，事業有成；那60%的人大部分生活在社會中下層，胸無大

志，事業平平；那 27% 的人過得很不如意，工作不穩定，入不敷出，常常抱怨社會，抱怨政府，怨天尤人。

在我們的周圍這樣的人比比皆是，他們每天比誰都忙，比誰都愛抱怨，比誰都辛苦，可是過得比誰都慘。他們的生活沒有目標，工作沒有目標，十幾年前他什麼樣子，十幾年後還是什麼樣子。他們用一顆心靜等著歲月流逝，辜負著人生的大好時光。

有一句話叫，你看到目標就看不到障礙，看到障礙就看不到目標，如果你把自己定位一個業務員的話，那麼你可能只會推銷。但如果你把自己當作是一個愛的傳遞者，那你就能傳遞友愛和熱情。

我們只有在明白這個道理之後，才能有目標地工作。

目標帶給我們的好處，就是讓我們擁有奮鬥的動力。無論在什麼情況下，如果不能確定一個核心的目標，如果不能朝著這個核心目標的方向努力，那最終的結果就只能是失敗。只有在確定了核心目標之後，不斷地朝著這個既定的奮鬥方向努力，事情才有成功的可能，這也是所有在某一領域取得成功的人之所以成功的先決條件！

別讓目標的高度超過你的實力

　　制定目標是一回事，完成目標又是另外一回事，制定目標是明確做什麼，完成目標是明確如何做。與其給自己制定一個高目標，不如根據自己的實力。所以，為自己制定一個合適的目標最重要。

　　如果你是一隻雄鷹，就不要在乎麻雀怎麼看你。因為你飛行的速度、高度、力度、角度，牠看不見、看不懂。麻雀只會根據自己的能力衡量你，牠怎麼會知道你要飛向哪裡，去向何方呢？所以人生最重要的是認識自己，知道自己的目標、方向和實力，而不要在乎別人如何議論你，努力到無以倫比，奮鬥到感天動地，越努力，越幸運！

　　羅布是一名電影製片人，在他創業之初，他的事業發展一直一帆風順。但是他認為，做製片人還不能充分發揮自己的才能，還不能完全挖掘出自己的潛力。他固執地認為，在好萊塢，最大的榮耀應該屬於導演。於是，他真的就著手導演了一部電影。但是，對於該電影，評論界褒貶不一，票房收入極低。經過這次失敗，連他自己都承認，作為導演的自己，受歡迎程度根本不能與原先做製片人的自己相提並論。從此之後，潮水般的失敗接二連三地向他湧來。

　　首先，他新製作的電影遭到了失敗。此後不久，朋友遠離他，妻子拋棄他，真是眾叛親離，好像一夜之間所有不幸都被

上天強加在了他身上。後來，羅布因為承受不了這種巨大的壓力，從加州逃到了紐約，躲藏在大都市裡，過起了隱姓埋名的生活。他瘋狂地尋找新的生機，傾家蕩產買下了一個套房。他曾經說過：「我完全垮了。」

　　儘管羅布十分努力，但也沒能夠逃脫失敗的結果。為什麼會這樣呢？關鍵不在於他沒有目標，而在於選擇的目標並不適合他。世界上許多人之所以遭受失敗，不是沒有本事，而是因為選錯了目標又沒有及時做出調整。生活中做這樣事情的人大有人在。其實，只要認清自己，知道自己想要什麼，並且適合什麼，最後及時糾正自己的目標，及時找到自己正確的人生軌跡，成功離你其實並不遙遠。因此，要想成功不僅要懂得努力，還要有正確的方向，否則會因為目標選擇錯誤，越努力，離失敗反而越近，離成功反而越遠。

　　在一段時間裡，羅布就這樣一個人坐在紐約的套房裡，他整天不由自主地陷入冥思苦想之中。在這種思想狀態下，一個新的計畫在他腦海中誕生了。此後沒過多長時間，他又勇敢地回到了洛杉磯，回到這個他戰鬥過也失敗過的地方。不同於失敗前的高傲，這次他懷揣著從未有過的謙卑感回去了。正視失敗，就是要做好一切都得重新開始的心理準備。羅布放下身價和面子，從基礎工作做起。

　　目標越是遠大，為達此目的，就越需要持續付出不尋常的努力。但是，人們努力，再努力，如果仍然離終點很遠很遠，

他們就難免洩氣。「目標雖然沒達成，能這樣也就可以了，差不多就算了吧！」人們常常在中途洩氣了。

從心理學的角度看，如果達到目標的過程太長，也就是說，設定的目標過於遠大，往往在中途就會遭遇挫折。

1952 年 7 月 4 日清晨，加州海岸起了濃霧。在海岸以西 21 英里的卡塔林納島上，一個 43 歲的女人準備從太平洋遊向加州海岸。她叫費羅倫絲‧查德威克（Florence May Chadwick）。

那天早晨，霧很大，海水凍得她身體發麻，她幾乎看不到護送他的船。時間一個小時一個小時的過去，千千萬萬人在電視上看著。有幾次，鯊魚靠近了她，被人開槍嚇跑了。

15 小時之後，她又累，又凍得發麻。她知道自己不能再遊了，就叫人拉她上船。她的母親和教練在另一條船上。他們都告訴她海岸很近了，叫她不要放棄。但她朝加州海岸望去，除了濃霧什麼也沒看不到……

人們拉她上船的地點，離加州海岸只有半英里！後來她說，令她半途而廢的不是疲勞，也不是寒冷，而是因為她在濃霧中看不到目標。查德威克小姐一生中就只有這一次沒有堅持到底。

這個故事講的是目標要看的見，勾得著，才能成為一個有效的目標，才會形成動力，幫助我們獲得自己想要的結果。

實際上，制定目標是一回事，完成目標又是另外一回事，

制定目標是明確做什麼，完成目標是明確如何做。與其給自己制定一個高目標，不如根據自己的實力。所以，為自己制定一個合適的目標最重要。

幾個人在湖邊釣魚，好長時間，都沒有人釣到魚。突然，其中一名垂釣者竿子一揚，釣上一條足有三尺長的大魚。就在大家驚詫之時，卻見釣者解下魚嘴內的釣鉤，居然順手把魚扔回湖裡。

「不會吧，這麼大的魚都不想要？」有人小聲驚呼。

「人家的目標或許是更大的魚呢。」另一個人回答。

大家靜等著看釣者釣大魚。過了一會兒，只見釣魚者又釣到一條比剛才還要大的魚，他想也沒有想，就把魚扔到水裡了。

釣者第三次釣的魚是一條不到一尺長的小魚，就在大家感到惋惜之時，只見釣魚者把魚從鉤上解下，滿意地放回自己的魚簍中。

大家對此百思不得其解，有人忍不住問：「你為什麼不要大魚，而要小魚呢？」

對方回答：「哦，是這樣的，我家裡最大的盤子只有一尺長，太大的魚釣回去，盤子放不下。」

這個故事從另一個角度，很好地詮釋了適合的目標對每個人的重要性。在人生的道路上，目標不分大小，貴在找到適合自己的目標。否則，將永遠會掙扎於不滿意的情緒之中。

與其中途放棄所定的目標，不如一開始就不要制定。這是我創業以來的習慣。我在創業過程中，在定每一個目標前，我都會先分析自己的情況，這樣制定的目標大致能看清楚，不至於太離譜。

我們制定的目標若與自己的實力相符，會讓我們的每一天過得非常充實，當我們接近自己的目標時，就像跨過了一座小山。小小的成就會讓我們對自己充滿信心，幹勁十足。

看到這裡，你可能會問：「與自己實力相符的目標，很快地達到後，不就沒有了鬥志嗎？」

這個問題很好解決。我的經驗是制定等級不同的目標，即一個目標比一個目標大。如圖 5-4：

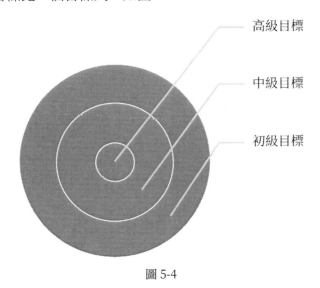

高級目標

中級目標

初級目標

圖 5-4

制定目標等級後，會讓我們的目標更加明確，精力更加集中，隨著一個目標一個目標的實現，不但會讓我們收穫成功的喜悅，還會激發鬥志。所以，莎士比亞曾提倡人們，在任何時候都要為自己未來的發展定下明確的目標，然後再圍繞著這個奮鬥方向踏踏實實地不斷努力，只有這樣，才能獲得成功而不只是紙上談兵。

當你實現目標時，一定要犒勞自己、獎勵自己，再向下一個新的目標前進！

對於制定發展目標的，有一點很重要：你的發展目標一定要盡可能地具體。如果你的發展目標不具體，你就無法衡量它是否能實現，已經實現了多少，這些都會降低你努力前進的積極性。所以，一定要盡可能具體地制定發展目標。

當你制定具體的發展目標以後，目標就會在你的生活中發揮很大作用。它會成為你努力的方向，就像長跑運動員面對的一個個里程標誌。隨著你努力去實現這些目標，隨著小目標的一個個實現，這時你會有一種成就感，而這種成就感會促使你向新的目標全力衝刺。隨著終極目標的一點點接近，你會發現具體的發展目標讓你更具活力、更加積極，也更接近成功！

在這裡要提醒的是，在制定目標時，要注意以下兩點，請見圖5-4：

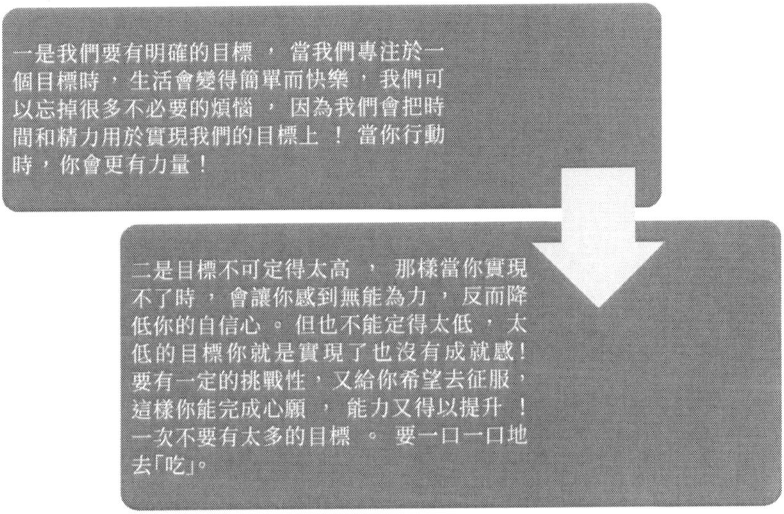

一是我們要有明確的目標，當我們專注於一個目標時，生活會變得簡單而快樂，我們可以忘掉很多不必要的煩惱，因為我們會把時間和精力用於實現我們的目標上！當你行動時，你會更有力量！

二是目標不可定得太高，那樣當你實現不了時，會讓你感到無能為力，反而降低你的自信心。但也不能定得太低，太低的目標你就是實現了也沒有成就感！要有一定的挑戰性，又給你希望去征服，這樣你能完成心願，能力又得以提升！一次不要有太多的目標。要一口一口地去「吃」。

圖 5-4

信念不垮，希望就在

對於我們每一個人來說，擁有明確的目標，就好比擁有堅定不移的信念。在充滿坎坷的人生之旅中，目標就是動力，目標就是信念，只要目標在，信念不垮，我們成功的希望就一直存在。

在一次業內舉辦的沙龍活動中，我在與幾位金融界的大亨交談時，發現他們有一個共同點，就是不管遇到多麼大的困難，他們都不會抱怨，而是堅定地朝著既定的目標奮鬥：

S是創業投資圈中的菁英，他投資的公司或企業，都能在幾年內給他帶來幾倍甚至是幾十倍的回報。在說到以往的創業經歷時，他不無調侃地說：

「我初次創業是做珠寶生意的。當時沒有經驗，差點讓我丟掉生命。先是經歷了進假貨，賠進去幾百萬，那些錢是我全部的家底，外加親戚朋友湊的、銀行貸的。我得知被騙時，整個人沒有了知覺。我開著車來到效外的水庫邊，猶豫著跳不跳？在那裡待了一整天，終究沒有跳下去。不跳的理由是，活著、堅持著、幻想著，希望還是有的。」

S垂頭喪氣地離開水庫回到店裡，員工們業已離職，他重整慘局後，拿起那幾百萬進的假貨，把玩一番，他對自己說：「下次，我不會再進假貨了。」

幾天後，中國公安部門通知他，抓住了賣給他假貨的騙

子，鄭重地告訴他：

「錢只能追回一部分……」

他放下電話，一個人在店裡大聲痛哭。

「幸好我沒死，天無絕人之路。老祖宗的話是真理啊。」他邊哭邊對自己說，「無論在什麼情況下，只要信念不垮，我就有東山再起的希望」

那次追回的錢，雖然只有三分之一多一點，但足夠他重新開始了。對於當時的他來說，不管有沒有錢，他都不會放棄的。後來再次創業過程中，他經歷過比這一次更慘的事情，已有經驗的他，在痛苦的掙扎中，他要做的事情就是咬緊牙關奔向堅定的目標。

「目標是希望所在，堅定的信念是不放棄的理由。信念在，即便心靈經受一次次無情的打擊，都不會打垮我的。所有的痛，天亮後就消失了。」他如是說。

與 S 比起來，企業家 G 的創業史就顯得有點傳奇了。

G 是國營事業的技術員。在 1980 年代，年紀輕輕的他，每月拿著固定薪資。他不甘心一輩子就這樣讓國家養著，就辭職單幹。

在那個年代，國營事業員工就是吃「鐵飯碗」的，很厲害啊，幾乎沒有辭職的人。所以，單憑 G 能夠辭職這一舉動，就能「雷」倒一大批人。

G 創業掘的第一桶金是 50 萬。在那個每月薪資只有幾十

元的年代。這 50 萬的含金量有多高，每個人都可以去發揮想像。

這 50 萬給了 G 力量和膽量。他擴大了經營，還成立了投資公司。幾年後，他因為管理不善，公司險些倒閉。那時，員工紛紛離他而去，他揹著百萬債務經營著苟延殘喘的小公司。

「我那時是完全可以關掉這個每月租金不菲的公司的。」他說，「但我不能。因為這個只剩我一個人的公司，可以給我的債主帶來安全感，更重要的是，這個月月需要我為找錢發愁的公司，是我堅持下去的動力。」

那段時間，他一個人身兼數職，在全國各地跑業務。住最便宜的店，吃最便宜的麵條。他第二次創業成功後，又到國外成立了分公司。

把 G 第三次打倒的是他的一位朋友。這一次的磨難是常人難以承受的。

他的朋友讓他牽線，給國外一個公司做專案，款項付給對方公司時，對方公司卻一再延長發貨時間。由於那筆款項數額巨大，朋友若再等下去，公司面臨破產。於是，朋友就把他從國外「騙」回國，最終他因「詐騙」罪被判十三年

他忍著周圍人的誤解、屈辱，在監獄裡，他一邊寫著申訴，一邊讀書、鍛鍊身體，準備東山再起。

七年後，他因為表現好，也因為證據不足，他出來了。出來後的第二個月，他就回到讓他栽跟斗的那個國家去創業，用

借來的錢註冊了公司，準備大幹一場。

「七年時間，外面發生了巨大的變化。我對市場的敏感度也很差。但我相信，只要我對自己有信心，我就能從中尋找破解困難的方法。我會做得比以前更加成功的。」

果不出他所料。在十多年的再次創業中，他為自己和公司制定了不同的目標，並告訴自己：「在一年內，我達不到自己的目標，絕不罷休。」

有了目標，他有了奮鬥的方向；有了目標，他有了壓力；有了目標，他幹勁十足。兩年中，他遇到過很多困難，都被他輕而易舉地化解了。

隨著他公司的擴大，現在已經成為擁有數十個子公司的集團。身為董事長的他，資產上億。他說：「對我來說，錢就是一個數字。我每天為什麼還要辛苦工作，是因為我有了新的目標，並且堅信自己一定能夠實現。」

成功者和普通人一樣，他們也喜歡制定目標；成功者和普通人一樣，在生活或是工作中遇到的坎坷和麻煩也是不斷的……為什麼他們最後的結局與普通人不一樣呢？答案很簡單，就是他們一旦確定目標，便擁有了不達目標不罷休的信念。

「只要目標在，我們就沒有放棄的理由。」

「目標就是信念，只要信念不垮，希望就在，前面就有一份驚喜等著我們。」……

這些話，是我在沙龍上聽到的最多的話。

有人說，成功者是不願意把真話講出來的。所以，成功是不可複製的。我想，並不是他們不願意講真話，而是每個人的成功模式都是根據自己量身訂做的。他們即使說出來，也不一定適合你。但有一點是通用的，他們在失敗或是遭受挫折時，所採取的應對手段，是我們可以學習的。

人是自然界最偉大的動物，無論哪一個人，無論現在他在做什麼，他都是獨特的，唯一的。他有自己的思想，他主宰自己的行為，他決定自己的未來。

當我們失意時，根本用不著沮喪，只要你有目標，就有了奮鬥的方向；只要你有目標，你就有了堅定無比的信念；只要信念不垮，希望就像黑夜中的星星，為你照亮前方的路。即使你遭遇再多的困難，都不會停止前進的步伐的。

只要心中有目標，就有信念，有信念，就有希望。希望在，無論遇到什麼事情，就不會輕易放棄。

生下來就一貧如洗的林肯（Abraham Lincoln），終其一生都在面對挫敗，八次競選八次落敗，兩次經商失敗，甚至還精神崩潰過一次。好多次，他本可以放棄，但他並沒有如此，也正因為他沒有放棄，才成為美國歷史上最偉大的總統之一。以下是林肯進駐白宮前的履歷：

1816 年，家人被趕出了居住的地方，他必須工作以撫養他們；1818 年，母親去世；1831 年，經商失敗；1832 年，競選

州議員但落選了；1832 年，工作也丟了，想就讀法學院，但進不去；1833 年，向朋友借錢經商，但年底就破產了，接下來他花了 16 年，才把債還清；1834 年，再次競選州議員，贏了！

1835 年，訂婚後即將結婚時，未婚妻卻死了，因此他的心也碎了；1836 年，精神完全崩潰，臥病在床六個月；1838 年，爭取成為州議員的發言人，沒有成功；1840 年，爭取成為選舉人了，失敗了；1843 年，參加國會大選落選了；1846 年，再次參加國會大選這次當選了！前往華盛頓特區，表現可圈可點；1848 年，尋求國會議員連任失敗了！

1849 年，想在自己的州內擔任土地局長的工作，被拒絕了！1854 年，競選美國參議員，落選了；1856 年，在共和黨的全國代表大會上爭取副總統的提名，得票不到一百張；1858 年，再度競選美國參議員——再度落敗；1860 年，當選美國總統。

此路艱辛而泥濘。我一隻腳滑了一下，另一隻腳也因而站不穩；但我緩口氣，告訴自己，「這不過是滑一跤，並不是死去而爬不起來。」——林肯在競選參議員落敗後如是說。

給自己定一個目標，就讓自己有了堅強的理由。目標在，信念在，希望也在，有希望就有成功。每天給自己一個希望，就是每天給自己一個目標，給自己一個信心，給自己一點激發生命激情的催化劑，給自己人生一個美好的支撐點。影響我們人生的絕不僅僅是環境，其實是心態在控制一個人的行動和

思想。同時，心態也決定了一個人的視野事業和成就，甚至一生。

很久以前，為了開闢新的街道，倫敦拆除了許多陳舊的樓房。然而新樓卻久久沒有開始，舊樓房的地基，在那裡任憑日晒雨淋。

有一天，一群自然科學家來到了這裡，他們發現，在這一片多年來未見天日的地基上，這批日子裡，因為接觸了春天的陽光雨露，竟長出了一片野花、野草。奇怪的是，其中有一些花草，卻是英國人從來沒有見過的。它們通常只生長在地中海沿岸的國家。

這些被拆除的樓房，大多是在羅馬人，很久很久以前，沿著泰晤士河進攻英國時建造的，大概花草的種子，就是那個時候被帶到了這裡。它們被壓在沉重的石頭磚瓦之下，一年又一年，幾乎已經完全喪失了生存的機會。但是令人感到意外的是，一旦它們見到了陽光，就立即恢復了勃勃生機，綻開了一朵朵美麗的鮮花。

這個故事令我十分驚嘆，每一次看時，我都會感到震驚無比。這粒小小的種子，在風雨飄搖的世界中，承受著成長的巨大壓力，仍然默默地蓄存著力量，哪怕是被擠壓數百年，依然蘊藏著生的希望。一旦遇到陽光照耀，一旦得到雨露滋潤，它們就又爆發出勃勃的生命跡象，綻放出堅強的生命之花！

只要心中有希望，一粒種子尚且具有如此頑強的生命力，

何況我們人呢？生命依附於希望，信念支撐著希望，而目標，滋生信念。擁有明確的目標，你會沒有任何理由地相信自己能行，並且驅使你帶著無比堅定的信念奔向目標。

有一年，一支英國探險隊，進入了撒哈拉沙漠的某個地區，在茫茫的沙海裡跋涉。陽光下，漫天飛舞的風沙，像炒紅的鐵砂一般，撲打著探險隊員的面孔。口渴似炙，心急如焚——大家的水也都沒有了。這時，探險隊長拿出一瓶水壺，說：「這裡還有一壺水，但在我們大家穿越沙漠前，誰也不能喝。」

一壺水，成了穿越沙漠的信念之源，成了求生的寄託目標。水壺在隊員手中傳遞，那沉甸甸的感覺，使隊員們瀕臨絕望的臉上，又露出了堅定的神色。終於，探險隊頑強地走出了沙漠，掙脫了死神之手。大家喜極而泣，用顫抖的手擰開那壺支撐他們的精神之水——緩緩流出來的，卻是滿滿的一壺沙子。

炎炎烈日，茫茫沙漠，既沒有人體的生命之源——水；又沒有維持生命的食物，他們依然能夠與死神擦肩而過，創造生命的奇蹟。這並不是那一壺冒充水的「沙子」救了他們，而是他們心中無比堅定的信念，像一粒種子一樣，在他們心底生根發芽，最終幫助他們走向目的地。

對於我們每一個人來說，目標是一種外在的、具體的、實際的表現，信念則是一種內在的、抽象的、含蓄的表現。現實

生活中的目標就像一個運動靶子，假如我們沒有認定目標的決心，內心沒有堅定的信念，希望就會慢慢消失。外在的言行可能會成為我們生活中的一個定點，也就是我們平常說的目標。心裡有了對這個目標的向心力、凝聚力，才會對它產生一種激情，去追尋它、實現它、發展它，這種激情是源於對自己內心表現的一種認可，是自身價值在社會中所展現出來的一種認可，是對信念的一種表現形式。

其實，人生從來沒有真正的絕境。無論遭受多少艱辛，無論經歷多少苦難，只要一個人的心中有著一粒信念的種子，那麼總有一天，他就能衝出困境，讓生命重新開花結果。

成功者跟平庸者最大的區別，就是擁有堅定的信念和希望。沒有誰的人生是一帆風順的，都會遇到各式各樣的失敗和挫折，有的人能扛下來，有的人卻受不了。能夠扛下來的人不是他與眾不同，而是他心中有著堅定的信念，這種信念給了他希望，讓他向前看，看著美好的未來，而不是活在痛苦的失敗裡。有句話說得好：這個世界上沒有誰能使你倒下，如果你的信念還沒倒的話。生活還得繼續，就算為了可能的綻放，我們也不能放棄希望，有時候會感覺到，人生就是爬坡，放棄比選擇更難。未來是美好的！

所以，當你失敗或者受挫折後，不要慌張，而是冷靜下來，想清楚自己到底要什麼，是要未知的未來，還是要痛苦的回憶。當你心平氣和時，信念會告訴你答案，那就是：堅定自

己的信念，激發內心的希望，擦掉眼淚往前走，總有一天你會實現你的人生目標的。

最後，我要提醒的是，信念還沒成熟的時候，也是最危險的時候，一不小心它會從正確變為錯誤，會誘人走上歧途。在這時，你必須想想自己的希望，這樣便可以糾正錯誤，讓自己真的有一個好的信念，一個可以支持自己的信念，一個給自己希望的信念。這個世界上最美好的事情，就是懷著無比堅定的信念，帶著滿心的希望，向你的人生目標衝刺！

制定計畫，專注朝前走

請讓我們相信「美好的人生是計畫出來」的這句話，從現在開始，為自己制定可行的計畫，向著美好的人生穩步前行！

在微信上，經常有朋友給我留言，向我訴苦，內容都大同小異，總結起來，無非是下面幾件事：

「如果再給我一次機會，我面試的時候一定不會說那句話的。」

「王老師，我很迷茫，我到底該不該回老家接受我爸媽的安排？」

……

說實話，對於這些私訊，我真的不知道該如何回答。

曾聽過這樣一句話：「人生沒有設計，你離挨餓只有三天。」我非常喜歡這句話，所以把它拿來當作標題。這句話雖然乍聽起來有些誇張，但在競爭如此激烈的當今社會，「人生計畫」已經是毋庸置疑的幸福之道了。

令人遺憾的是，我們大部分人是沒有按照自己的意願生活的。說到這裡，我想起了哈佛大學的一個心理實驗。

在上個世紀中期，哈佛大學著名的社會學教授對即將畢業的 1,000 名學生做了一個訪談，問題很簡單：「你對自己未來的人生有什麼規畫？」

訪談結果是，只有不到 4％的學生對自己人生有清晰的規劃，大約還有 16％的學生雖然有規畫，但是目標不是很明確。

30 年後，這位教授又訪問了當初的這些學生，除了 35 名學生由於特殊原因聯繫不上，剩下的學生都取得了聯繫，該教授透過對他們的健康、家庭、事業、情感、財務等多項指標的統計，發現一個很有趣也很驚人的結果。

實驗結果表明，有清晰規畫的那 4％學生，在以上各項指標的分數都是最高的。他們不僅身體健康、家庭美滿、事業成功，更令人羨慕的是，他們財務自由。

而 16％的那些人，成為各行各業裡的專業人士，雖然薪水很高，但是其他方面多多少少都有些不如人意，最大的特徵就是身心疲憊。

在這個試驗中，所占人數比例最大的，是那些沒有任何規畫的人，這些人有 80％。這些人一般在工作幾年之後，有些存款了就不想再努力了。因此，他們大多數都是平凡的公司職員，沒什麼超凡的成就，甚至還有人靠政府的救濟過日子。

可見，就算是哈佛大學畢業的高材生，也不見得人人都能成功，更何況是我們這些普通人呢。相信我們每一個人都想成為那 4％的幸福的人，那我們有跟他們一樣清晰的人生規畫嗎？

　　所以，我想告訴大家的是：這個社會很殘酷，沒有計畫的人往往被規畫掉，而用心規畫的人生才更容易幸福。

　　我在公司給員工培訓時，經常會看到許多職場新人在剛開始參加工作時，上司安排什麼就做什麼，不為自己制定任何計畫，彷彿上班不是為了自己，而是為了上司。過了幾年，意識到計畫的重要性，於是在制定計畫時反覆思考，把計畫做得非常詳細。

　　有一次，一個年輕學員把他的計畫拿給我看時，我發現他的一年裡列舉了好幾個目標，而且都是結婚、買房、買車、升遷這樣的大目標。他告訴說，他每天早上一睜眼，這幾個目標就闖進他的腦海裡，讓他感到壓力非常大。一年下來，他的確獲得一些小成就，但生活的毫無幸福可言。

　　我認為，我們在制定年計畫時可以給自己定下 3 至 5 個目標，但對於完成的時間及情況不要寫得那麼清晰。

　　想賺一千萬和想賺一個億的人，他們賺錢和花錢的方式一定不一樣；想攻讀更高學位的人和大學一畢業就踏入職場的人，在學習的品質上肯定有所差別。這個差距，就是我們是否對人生有計畫。當我們有了計畫，我們才會按照自己設計的路踏實、一步一個腳印地走下去，我們的人生才不會迷茫。

　　關於如何給我們的人生制定計畫，我沒有什麼真知灼見，但是，這些制定計畫的步驟，也許會幫到你，如表 6-1：

表 6-1

1	制定年計畫	我們可以把一年的目標寫下來，可以當成手機背景，可以用便利貼貼在電腦前，隨時提醒自己去完成目標。在一年的時間裡，一個人會有很大的改變。簡單地說，我們想在接下來的一年裡達到怎樣的成就？需要提醒大家的是，我們只需要寫下自己想做的事，對於每件事需要完成的時間及數量，不需要寫得很清晰。比如，2017年我給自己定的計畫是：出版一本教人如何幸福的書，並帶它去和全國各地的讀者見面；和女兒一起旅行一次。但在制定這兩個計畫時，我不會考慮這本書要達到什麼樣的銷量，影響多少人；和女兒去哪裡旅行，去幾天......要明白，生活充滿了各種可能性，計畫趕不上變化，所以我們的目標要隨時調整。如果施行的過程中出現了一些小插曲，我們也有時間緩衝。
2	制定季度計畫	每個公司都有季度財報，我們也要給自己做一個季度報表。內容可以自己制定，比如體重減少幾公斤，存款增加多少，和朋友聚會幾次，讀幾本好書等。比如，我計畫和家人一起旅行，當我做好一切行程攻略後，就要開始存錢了，每個季度存多少，都要寫進計畫裡。如果我們覺得一次性制定四個季度的計畫有點太麻煩了，那不妨先做第一個季度，先把第一個季度的計畫確保品質地完成，後面的就輕鬆多了。
3	制定 21 天計畫	人和人之間之所以有差別，是因為我們的行為習慣不一樣。21天可以養成一個習慣21天可以幫我們全面提升能力。21天計畫其實是季度計畫的分解版，不喜歡季度計畫的讀者，不妨試試這個辦法。
4	一週計畫	制定週計畫相對來說比較簡單，制定週計畫一定能夠注意勞逸結合。我們可以按照這個結構來制定計劃： 讀書時間、鍛鍊時間和社交時間： 寫下本週必須做的事情，比如會議、聚會、鍛鍊等等。 在安排其他工作中之前，先把娛樂、聚餐的時間預留出來，以免計畫衝突。 看書學習，提升自己的時間一定要安排。對那些完全可以暫緩的工作，安排到餘下的時間裡。 如果我們是學生，可以去規劃課餘時間。 對於上班族來說，工作時間一般是8小時制，下班回到家差不多已經8點左右了，這時再學習、鍛鍊效果一定不好，如果這些計畫不是自己真心想做的事情，那麼當我們回到家就直接「躺平」了。

最後我想說的是，制定計畫是為了讓我們的生活更充實，更有意義，而不是被計畫束縛。所以，制定計畫的時候要預先留出娛樂時間，比如看電影、K 歌、讀書、聚會等等。

請讓我們相信「美好的人生是計劃出來」的這句話，從現在開始，為自己制定可行的計畫，向著美好的人生穩步前行！

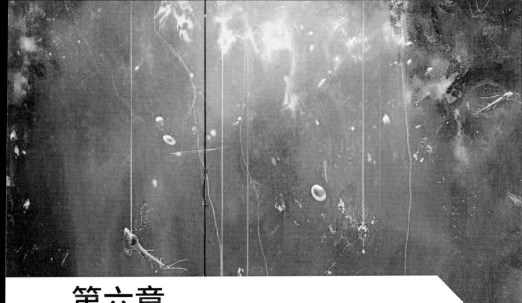

第六章
在逆境中積蓄反彈的力量

逆境讓勇敢的人更勇敢

褚威格（Stefan Zweig）曾說：「勇敢是處於逆境時的光芒。」身處逆境時，我們唯一要做的就是讓自己變成一個勇敢的人，大膽地面對一切的挑戰，這樣才能創造出生命的奇蹟。

我八歲的時候，有一次，跟著父親到鄉下的親戚家做客。飯後，我跟親戚家的小孩到山上玩耍時，正是夏季時分，山上樹木茂密，雜草叢生。

在進山的路上，親戚的哥哥囑咐我：「這座山很大，容易迷路，你要隨時跟在我們身後。」開始，我聽話地跟在他們後面。等我們進了山，我立刻被這裡的風景和飛禽走獸吸引了，玩得興起時，不知不覺地與親戚家的哥哥弟弟們走散了。

我被困在一個四面是樹的山谷裡，就在我尋找出去的路時，一條吐著紅色蛇信的眼鏡蛇從樹叢裡鑽出來，嚇得我驚叫起來。我知道這條蛇是一條毒蛇，如果被牠咬傷後就沒有命了。我一邊絕望地想，一邊驚恐地看著向我靠近的蛇。心想這下完了。

就在我束手待擒時，心中閃過一個念頭：「不能這麼便宜了這條毒蛇。」想到這裡，我開始奮起反抗，我飛快地環顧了一下四周，看到地上有很多大石頭，我擔心用石頭直接打蛇不好瞄準，就飛快地脫掉上衣，以迅雷不及掩耳的速度蓋住蛇，然後拿起石頭用力砸蛇。

當我被親戚家的哥哥們發現時，那條毒蛇已經被我打死了。

父親知道此事時，驚訝地說：「你不是一直很怕蛇嗎？今天怎麼變得這麼勇敢，還敢獨自跟蛇打鬥呢？」

此時我才記起我原來是害怕蛇的。

「那時候就我一個人啊。」我想了想回答，「我只有變得勇敢，才能活命啊。」

這件事對我的影響很大，同時也讓我明白一個道理：人只有在逆境中才能奮起。所以，當我們身處逆境時，我們唯有讓自己變得勇敢，才能夠在絕境中看到希望。

在巨大的困難面前，人們往往可以快速長大和成熟。所以，不要害怕逆境，它會讓你不再懼怕其他災難和磨難，讓你在面對死亡和生活時，不再無所畏懼，而是發現生命的可貴和堅強。

在以後的日子裡，每次遇到困難時，我都會無比堅定地對自己說：「來吧，逆境，我感謝你鍛鍊了我，讓我變得更加勇敢。」

1995 年，37 歲的幾米遇到人生一個重大事件 —— 罹患血癌，憑藉對美好世界的熱愛和內心強大的力量，他最終戰勝病魔，在生命的長河中逆流而上，成為臺灣最著名的繪本作家。

幾米在自己的作品《我的心中每天開出一朵花》裡寫下這樣的話：落入深井，我大聲呼喊，等待救援……天黑了，黯然

低頭，才發現水面滿是閃爍的星光，我總是在最深的絕望裡，遇見最美麗的驚喜。我在冰封的深海，找尋希望的缺口，卻在午夜驚醒時，驀然瞥見絕美的月光。

「我有著向命運挑戰的個性，雖是屢經挫敗，我絕不輕從。我能頑強地活著。活到現在。就在於：相信未來，熱愛生命。」

上面的詩句是詩人幾米寫給自己的內心，也是寫給世界上第一個追問人生意義的人。

在絕望處看到希望，終究看得見天空中那顆屬於自己的星星。人生在世，每個人都會經歷或是看到這類不幸的事實發生：很多有目標、有理想的人，他們工作，他們奮鬥，他們用心去想、去做……但是由於過程太過艱難，他們越來越倦怠、洩氣，終於半途而廢。到後來他們會發現，如果他們能再堅持久一點，如果他們能再看得更遠一點，他們就會終得正果。請記住：永遠不要絕望；就算看似絕望了，也要再努力，從絕望中尋找希望。

年輕時的海明威（Ernest Hemingway），透過美國紅十字會申請上戰場殺敵。當他所在的戰壕被迫擊炮炸時，海明威自己受了重傷。旁邊的義大利士兵因傷勢過重痛苦嚎啕時，海明威不顧自己的傷勢，義無反顧地揹著這位中彈的士兵，硬撐著到了指揮站，他卻因精疲力竭陷入昏迷中。

第二次世界大戰，海明威再次放棄安逸的生活，不顧生命危險，前往巴黎當戰地記者，記錄戰爭中最真實的故事。

　　正是在戰場上跟死神的屢屢接觸，正是無數次被困於逆境中不能自拔，讓原本就果斷勇敢的海明威變得更加勇敢，當他一次次衝破逆境時，他也就向成功一步步靠近了。正是這些經歷，讓海明威的文學作品與眾不同。

　　托爾斯泰說過：「環境，愈難艱困苦，就愈需要堅定的毅力和信心，而且懈怠的害處就愈大。」天空不會總是蔚藍，道路不會總是平坦，生活裡有太多的苦難和挫折，但是只要有信念、勇氣、智慧和毅力，就能點燃成功的激情，不斷走向成功。

　　雨果說過，沒有風暴，船帆只不過是一張破布。人的成熟過程也是如此，只有經過逆境的磨礪，才會深刻體會成功的價值。可以說，逆境是成才的必經之路，也是冶煉人才的大熔爐，它能讓勇敢的人變得更加勇敢。正如人們所說，鳳凰只有浴火才能涅槃，海燕只有在暴風雨中才能搏擊。

　　對於我們大部分人來說，人生的逆境莫過於大學考試失利、考研究所泡湯，畢業即失業，就業在最低層，沒錢、沒房沒車、戀人分手，突然被解僱，家人重病離世……這些逆境有時甚至以不同的排列形式組合出現在我們的生活中，猶如一道道酷刑使得我們奄奄一息，彷彿自己的人生走到了末路。

　　然而，逆境一方面給人以困苦、飢餓、疲乏、憂慮、阻礙，讓你覺得事事不如人意，另一方面，也正是由於這些困難，讓你變得勇敢起來，使你在不斷克服困難求得生存發展的過程中增加了聰明才幹，鍛鍊了意志來應對艱難，最終得以成才！

厄運醞釀奇蹟，忍耐必有驚喜

我有一個做培訓師的朋友，她對我說，她大學畢業後至今，一直在研究如何讓人們擺脫厄運，獲得成功。為此，她查閱了很多心理學書籍，也請教了很多名師。

2016 年，她在微信上留言給我：「厄運其實並沒有什麼可怕的，非但不可怕，如果我們能夠忍耐下去，還會給我們帶來驚喜的。」

對她來說，她人生中的厄運和改變是從 2013 年開始的。

在我全力以赴地研究我的幸福之道時，我接到家裡的電話，待我匆忙趕回家時，媽媽已經永遠離開了我。

跪倒在媽媽的床前，我人生所有的眼淚彷彿都在那一刻流盡。自此以後，我便很少再哭，痛到極點心就不會再輕易痛了。

雖然這並不是我第一次面對親人的去世。在我上國中時，把我撫養長大，也是最愛我的外婆去世。那時的我因為年齡還小，只知道哭，哭了好些天。如今，作為一個成年人，面對媽媽的去世，對我又是很大觸動。

對於我這樣一個長期在外奔波的人來說，媽媽就是我的精神支柱，是我的一切。我在媽媽的墳前待了很多天，頭腦一片空白，除了傷心、苦澀、流淚，我不知自己何去何從？

　　爸爸因過度悲痛，暴瘦了好幾公斤，面對突然的噩耗，他不僅要調節自己的情緒，還要牽掛我的狀態。

　　雖然我當時已在北京參加工作，但每天的工作時間長、收入也不高，只能維持基本的生活。工作上沒有成就，精神上也沒有寄託。我既擔心爸爸以後的生活，又發愁目前收入太低無法承擔家裡的重擔。

　　剛開始我還悲泣命運的不公，責怪蒼天大地，後來我發現這一切都無濟於事。

　　媽媽走了，就算她是世上最好的好人，她用她的無私和關愛幫助了無數的人，可誰又能保證好人一定會好命？誰又會來主動幫助我們？

　　我沒想到我的獨立生活才剛剛開始，就失去了前行的方向，甚至讓我失去了繼續下去的信心和勇氣。

　　但是現實擺在眼前，父母已經年老，為了家人，我必須好好生活，撐起家裡的一片天空。那些年，我所經歷的每個難處，都深深地印刻在我的生命裡。

　　世界再喧鬧，也與我無關；人生再美好，也與我無緣。此時，我明白，自己沒有別的出路，唯有忍耐。

　　我就是在這段忍耐的時間，養成了每天早上讀書、晚上寫書的習慣。為了給學員們講好課，我整天泡在圖書館，或是走遍一條又一條大街小巷去調查；我為節省時間，一天只吃兩頓飯……我用忘我的學習和工作來填補思念媽媽的痛。

　　當我的課得到學員們熱烈的掌聲時，當學員們跑到我面前，激動地抱著我，說我給了他們精神的力量時，我感到自己在這次失母之痛中得到很大的收穫……有一天晚上，母親出現在我的夢裡，她像在世時一樣無比欣慰無比滿意地望著我，令我感到欣喜若狂。

　　她講完後，對我說：「從那以後，我不再沉浸在對母親思念的苦痛中了。我把對母親的思念化成一種積極向上的力量，當我用努力和付出換來一次次事業上的驚喜時，我能感受到母親對我的嘉許和深深的愛意。在培訓課上，我在向學員講起這些事情時，已經可以輕鬆面對這段過去了。」

　　朋友的經歷，讓我學會了從另一個角度領悟生活的真相，那就是，人生在世，不要把任何事情想得那麼慘，再棘手的問題都有解決的方法。

　　厄運並不可怕！關鍵是看你如何面對。有位名人說：「交好運時要謹慎，遭厄運時要忍耐。」厄運來臨的時候，我們要做的就是忍耐，在忍耐時不但要保持清醒的頭腦，還要仔細想清楚厄運產生的原因，然後採取積極有效的防範措施，把厄運帶給我們的損失降到最低點。

　　當厄運來臨時最重要的一點，就是要有一個良好的心態去面對它，不要怨天尤人。我們常常左右不了外部的世界，但是，我們可以把握住自己的心態，也就是把握住了一個美麗而安寧的精神世界。

他是一個窮苦人家的孩子，有七個兄弟姐妹中，因為身體瘦弱，隔三差五地生病。上學後，他的學習成績也不好。

有一天，他在電視上看到介紹有史以來最偉大的高爾夫運動員尼克勞斯（Jack Nicklaus）時，他得到很大的鼓舞：「我也要像尼克勞斯一樣，當一個偉大的職業高爾夫運動員！」

他請求父親給他買高爾夫球和球桿。父親無奈地說：「孩子，高爾夫球是有錢人玩的。我們這麼窮，玩不起。」

他只好向母親求助，母親就對父親說：「我相信孩子會成為優秀的高爾夫球手。」說完，母親柔聲對他說：「兒子，等你成為職業高爾夫球手後，就給媽媽買棟別墅，好嗎？」他睜大眼睛，朝母親重重地點了點頭。

沒有錢的父親就給他做了一個球桿，然後在家門口的空地上挖了幾個洞。他每天都用撿來的球玩上一會兒。

中學時期後，他遇到了後來改變他一生的體育老師李奇‧費爾曼。費爾曼發現了這個黑人少年的天賦，於是建議他到高爾夫球俱樂部去練球，並幫他支付了 1/3 的費用。僅僅 3 個月，他就成了美國佛羅里達州奧蘭多市（Orlando）少年高爾夫球的冠軍。

高中畢業後，他幸運地被史丹佛大學錄取了。暑假期間，他的一個要好的同學來他家玩，說他有個哥哥所在的旅遊公司有一艘豪華遊輪正在招服務生，薪水很高，每週有 500 美元，問他是否有意去應徵。他動心了：「家裡實在是太窮了，我要幫父母賺錢養家。」

李奇‧費爾曼幫他聯繫到了一家高爾夫球俱樂部，但他不好意思地告訴老師：「我打算工作了，這樣能幫家裡減輕一點負擔。」

李奇‧費爾曼沉吟半晌，才說道：「孩子，我知道你有自己的難處。但你忘了你的夢想了嗎？你要學會在忍耐，尋找克服困難的方法。」

他愣了一下，過了好一會，他才紅著臉說：「當一個像尼克勞斯一樣的高爾夫球運動員，賺很多錢，給母親買一棟漂亮的別墅。」

李奇‧費爾曼對他說：「你現在就去工作，立刻就可以每週賺到 500 美元，但是，你的夢想就只值每週 500 美元嗎？」

18 歲的他被老師的話震驚了，心裡反覆默唸著老師的話。那個假期，他自覺地投入到了訓練中。在當年的全美業餘高爾夫球大獎賽上，他成為該項賽事最年輕的冠軍。

3 年後，他成了一名職業高爾夫球手。

他是迄今為止最偉大的高爾夫球運動員，他正創造著高爾夫球的神話：1999 年，他成為世界排名第一的高爾夫球手；2002 年，他成為自 1972 年尼克勞斯之後連續獲得美國大量賽事和美國分開賽冠軍的首位選手。從 1996 年出道至今，他總共獲得了 39 個冠軍。

如今，他以 1 億美元的年收入成為世界上年收入最高的體育明星之一。

他前後給母親買了 6 棟別墅。他就是「老虎」伍茲（Eldrick "Tiger" Woods）。

培根（Francis Bacon）說，奇蹟多在厄運中出現。在我們的人生歷程中，即使事事如意也難免會有不順的時候，這時就需要我們忍耐，在忍耐中磨礪自己的心性和智慧，在忍耐中堅持和努力，必能使你創造奇蹟！

生活中有千萬般的煩惱，我們不可能全部解決，只有學會忍耐、解決煩惱，像用盾擋矛。當忍耐煉成鋼水，煩惱劍就不再鋒利。原來，人生如此簡單如此容易！

成功真的需要一種忍耐，一種堅持，一種歷練。忍耐包括兩層涵義：一是「忍受」；二是「繼續做下去」。前者意味著無可奈何地承受自身的痛苦，當有人侮辱你的時候，雖然你心裡很想給對方一巴掌，但還是會忍住這種衝動，裝作沒聽見，這就是「忍受」；後者表示不屈服於種種障礙，仍然繼續不停地做屬於自己職責的工作。對於成功者來說，他們所必備的素養，不是「忍受」，而是「持續不停地做屬於自己職責的工作」。美國詩人朗費羅（Henry Longfellow）說：「只要在門上敲得夠久，夠大聲，終必會把人喚醒的。」

忍耐是成功過程中必要的手段。如果有兩個勢均力敵的人比賽，他們中成功的那個人，有可能不是智力高的人，而是忍耐力強的人。

　　我們雖然同在一個世界，人生的境界卻是千差萬別。要提高自己，必須要忍耐一個痛苦的過程。「苦其心志，勞其筋骨」，是成功者的必經之路。

　　忍字頭上一把刀，忍耐是會有痛苦的；忍字下面一顆心，忍耐會讓我們內心經受痛苦的煎熬；忍耐是命運對我們的考驗，它讓厄運來檢驗我們對成功是否忠心；忍耐又如我們手中的刀子，不小心地傷到了自己，需要時間來讓傷口慢慢癒合……知道了這些，就不要再害怕厄運，記住，學會忍耐，學會在忍耐中尋找解決的方法，最終會讓我們忍得頭上烏雲煙消雲散，撥開雲霧見到那明媚的陽光！

挫折是磨練人格的最高學府

梁啟超說，患難困苦，是磨練人格之最高學校。古往今來的成功者，都是在經歷各種挫折、磨難後，才鑄就自己堅毅的人格。這種可貴的品質，是他們奔向成功之路的通行證。

每個人的生活都不會是一帆風順的，在這條布滿荊棘的道路上，充滿著我們無法預測的困難、挫折。在面對這些困難、挫折時，我們唯有學會接受它、克服它、戰勝它，方能順利地向著美好的未來衝刺。

鮑比（Jean-Dominique Bauby）是法國的一名記者，1995年他突然心臟病發作，導致四肢癱瘓，而且喪失了說話的能力。

被病魔襲擊後的鮑比躺在醫院的病床上，頭腦清醒，但是全身的器官中，只有左眼還可以活動。可是，他還是決心要把自己在病倒前就開始構思的作品完成並出版。

出版商便派了一個叫門迪寶的筆錄員做他的助手，每天工作 6 小時，給他做筆錄。鮑比只會眨眼，所以就只有透過眨動左眼與門迪寶來溝通，一個字母一個字母地向門迪寶背出他的腹稿，然後由門迪寶抄錄出來。

門迪寶每一次都要按順序把法語的常用字母讀出來，讓鮑比來選擇，如果鮑比眨一次眼，就說明字母是正確的。如果是眨兩次，則表示字母不對。由於鮑比是靠記憶來判斷詞語的，因此有時就可能出現錯誤，有時他又要濾去記憶中多餘的詞語。

　　開始時他和門迪寶並不習慣這樣的溝通方式，所以中間也出現了不少障礙和問題。他們兩個每天用 6 小時默錄詞語也只能錄 1 頁，後來慢慢加到 3 頁。

　　幾個月之後，他們歷經艱辛終於完成了這部著作。

　　據粗略猜想，為了寫這本書，鮑比共眨了左眼 20 多萬次。這本不平凡的書有 150 頁，已經出版，它的名字叫《潛水鐘與蝴蝶》（*Le Scaphandre et le Papillon*）。

　　成功是需要挫折來磨礪的。對於我們每個人來說，如果能經受住挫折的考驗，就能繼續大步向前；如果被挫折擋住，我們人生之路就會止步於此。

　　失敗說：「挫折是成功路上永遠翻不過的山，因為翻過了一座山，前方又會有一座山。」

　　懦弱說：「挫折是成功路上的一片荊棘地，會把人扎得遍體鱗傷。」

　　失敗者的確不需要挫折，它是屬於強者的，它是成功的附屬品；而成功者則會藉助挫折來成就自己。

　　其實，成功唯一的捷徑就是勇於面對一次次失敗，經歷過多次失敗，依然笑對生活的人，是有勇氣、勇於打拚的強者。命運之神對強者是厚待的。當強者戰勝了挫折，這些挫折會對強者俯首稱臣，成為強者登上成功的跳板。所以，經受過悲慘挫折的人，能夠獲得巨大的成功！

　　凡爾納（Jules Verne）是 19 世紀法國著名的科幻小說家，

也是一位多產作家。他一生當中，寫了 100 多部作品，被譽為科學幻想之父。

有誰會想到，這位「多產作家」在寫作的道路上，經歷過無數的挫折。

他的第一部作品《氣球上的五星期》（*Five Weeks in a Balloon*）更是在經歷了一番曲折後才問世的。

據說，當年他把這部手稿寫完後，先後向 15 家出版社投稿，結果都是退稿。此時的他，難以承受這接踵而來的退稿打擊。他想到自己嘔心瀝血、一個字一個字寫的稿子，卻仍然屢遭退稿，感到絕望至極。一氣之下，就把手稿投進火爐來洩憤。

幸好他的妻子在危急時刻，從火裡搶回了書稿，還勸他不要洩氣。看著失而復得的書稿，他也感到自己太衝動了。他努力地平撫情緒後，再次振作起來。決定繼續「再試下去」。結果，他在第十六次寄出書稿之後，終於被一家出版公司相中，才使這部處女作問世了。

凡爾納的經歷，讓我們再次感到戰勝挫折帶給我們的驚喜。假如他當時被挫折征服，不但他的命運改變，這部小說的命運也會改變。要麼是凡爾納改行不再寫作；要麼是一部優秀作品毀於火爐。不管那種結果，對世人來說都是巨大的損失。

生命是脆弱的，但當它經歷過生活中的挫折後，它才會變得日益堅強，頑強的生命力在挫折、磨難中鑄就，只有經歷過風雨的人生才能綻放得更加美麗！

　　生活中大大小小的困難總是阻礙著我們的前進，有的人遇到一點小挫折，就被它打擊得一蹶不振，這樣的人是沒有什麼大的作為的，生活需要挫折，只有在這樣的挫折下才能激發人們的鬥志，如果貝多芬（Ludwig van Beethoven）不克服自身的障礙他怎麼能成為一位偉大的音樂家，你也許會看到別人的成就，卻殊不知那成就的背後曾遭受過多大的打擊和挫折。他們沒有放棄，他們用昔日的汗水和淚水鑄就了今天的輝煌，這些困難和挫折算得了什麼？

　　韓信是漢代著名軍事家。他年少時，父母雙亡，家境貧寒，經常餓肚子。即便生活如此困頓，他依然尋找機會刻苦讀書，熟讀兵法，懷安邦定國之抱負。

　　曾經有一段時間，韓信受困於生計，為了不被餓死，他還到熟人家蹭過飯，有時也到淮水邊上釣魚換錢。窮苦的出身窮苦的生活，讓他屢次遭到周圍人的歧視和冷遇。

　　有一次，一群惡少當眾羞辱韓信。其中有一個惡少對韓信說：「你雖然長得又高又大，喜歡帶刀配劍，其時你膽子小得很。有本事的話，你敢用你的配劍來刺我嗎？如果不敢，就從我的褲襠下鑽過去。」

　　韓信自知形單影隻，硬拚肯定吃虧。於是，當著許多圍觀人的面，從那個屠夫的褲襠下鑽了過去。史書上稱「胯下之辱」。

　　這些成長中的挫折，非但沒有擊敗韓信，反而激發了他要成為「人上人」的志向。在以後的日子裡，韓信對自己嚴格要

求，讀書習武，為以後能夠做出一番事業來做鋪墊。

因為有過這些挫折和磨難，當韓信在項羽帳下當執戟衛士時，他並沒有因自己低微身分而自暴自棄，而是養精蓄銳，尋找一切機會實現抱負。最終在幾年內登壇拜將，屢建奇勳，終至成為左右楚漢戰爭的一方諸侯。這位叱吒風雲的軍事人物，其用兵之道，為後世兵家所推崇。

挫折是成功的阻礙，但是這種阻礙來自外部，如果能夠正確地看待挫折，並採取辦法去克服挫折所帶來的困難，憑著堅忍不懈的恆心和無往不勝的勇氣，挫折是可以戰勝的，而且，經過挫折的磨練，意志和精神都會比從前更加堅強。

一般來說，人格成熟必須在生活中經受磨練才能達到。這些磨練，就是我們遇到的各種挫折。

挫折「比」成就「更能激發人格的成熟，因為挫折是一種更高強度的生活體驗。只要不被擊敗，就會變得更強大，這句話是有道理的。

學會接受挫折，因為它能讓你的生命力更加堅韌不拔；坦然地與挫折對抗，因為頑強的意志需要磨難來練就；勇於與挫折頑抗到底，因為挫折讓脆弱的生命一點點頑強，直到有一天變得堅不可摧。從挫折中變身堅強的你，即使你遇到再大的暴風雨，也不會退縮，而是微笑著面對。這時候，你那頑強的生命力早已經化作一塊穿不可破的盾牌永遠保護著你，讓你在人生的戰場上刀槍不入，所向披靡。

一般來說，挫折包括以下含義，如圖 6-3：

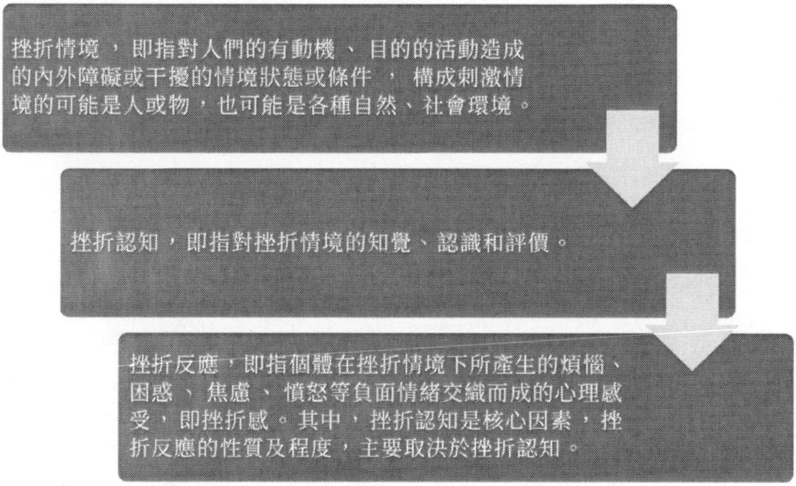

挫折情境，即指對人們的有動機、目的的活動造成的內外障礙或干擾的情境狀態或條件，構成刺激情境的可能是人或物，也可能是各種自然、社會環境。

挫折認知，即指對挫折情境的知覺、認識和評價。

挫折反應，即指個體在挫折情境下所產生的煩惱、困惑、焦慮、憤怒等負面情緒交織而成的心理感受，即挫折感。其中，挫折認知是核心因素，挫折反應的性質及程度，主要取決於挫折認知。

圖 6-3

我始終認為，每一次挫折出現在我們面前，都是命運給我們成長的洗禮，當你征服了挫折時，你在獲取成長的同時，又會得到一次次溫馨的紀念。

所以，當我們遇到挫折時，不找藉口、理由來逃避，而是面對挫折，耐心應對，相信這些都是生活的磨練，最終造就我們成熟的人格。

撐住，你和成功只有一步之遙

曾經有這樣一篇漫畫：

第一個人在挖金礦時，眼看再有一點距離就已經挖出了金子，可他因為太累了，就放棄了。第二個人，跟他一樣，也在拚力挖金子，他也像第一個人一樣，累得筋疲力盡，但這個人堅持了下來，於是，第二個人用沒有放棄的這一鏟子，挖出了金燦燦的金子。

這副漫畫給我們的啟示是，有很多時候，成功距離我們只有一步之遙了。只要你再往前一小步就能抓到了。但有許多人太累了，不想邁這一小步，於是，自然與成功擦肩而過，也讓自己之前的努力付諸東流。

G 是一個大專畢業生，第一份工作是在商場當營業員。薪資 600 元，包住，在十幾年前，這樣的待遇，也不過就是最底層的生活水準了。

G 做什麼都很認真，她很喜歡這份工作。午休時，別的營業員累了偷懶，她則多花時間看一些關於房屋裝飾的書，仔細研究每件家具的擺設，如何擺放家具能夠讓房間變得富有情調。

漸漸地，來買家具的人，都會來她這裡購買，因為她不僅僅介紹家具，還像個室內設計師般給顧客提出一些設計擺設的建議，根據顧客的要求，來推薦他們想要的家具。多一項服務，顧客自然高興。

那年年底，公司要舉辦演講比賽。其他員工聽說要舉行演講比賽，都認為公司是吃飽了飯撐的。

「我們一個賣家具的，玩那麼高雅的演講做什麼，不是白浪費時間嗎？」

「在這個時間，公司還不如讓我們休息一會兒呢？」

……

在大家的抱怨聲中，只有 G 認認真真地準備著，每天早上六點起床看講稿。為了鍛鍊自己當眾講話的膽量。她下班後就在住所社區裡演講。吸引來很多的人，他們被她聲情並茂的演講所打動，紛紛鼓掌。

演講那天，當 G 站在幾百人的演講臺上，不用講稿就激興發揮時，引起臺下公司董事長的注意。董事長覺得她是做業務的好苗子，就點名讓她去了銷售部門，讓她負責推銷公司的新產品。

那時候的銷售比現在還難做，她幾乎跑遍了整個城市的批發市場、零售市場，甚至於連社區裡的小賣部都跑過。

在她使用苦力戰術三個月後，終於拿下了一些單子。

她說自己那時實行苦力戰術，心想每天跑 200 戶一個月下來 6,000 戶，總會開一戶吧。人總得經歷這個過程。在經歷了賣苦力的戰術之後，她開始搭建客戶資源，抽時間去參加一些商務會議及宴請活動，果然這樣的活動更高效率些。

她還為公司企劃部出謀劃策，漸漸地，她成為公司的金牌銷售。

每次我們都是被困難嚇倒的。哪怕你離成功只差那麼半圈，只要你咬牙堅持那麼一會，就能成功的。但很多人就是不再堅持。

在生活中，很多事情都是這樣。在最困難的時候你再堅持往前走一步，你就成功了，如果你退縮或者停止不前，那麼你就是失敗。所以，無論做什麼事情千萬不要半途而廢，因為你也許離成功僅有一步之遙。

1992 年 8 月 1 日，巴塞隆納奧運女子田徑 100 公尺決賽中，一位叫蓋爾‧德弗斯（Gail Devers）的美國選手，一舉摘取桂冠。讓人們想不到的是，就在一年前，這位當今世界第一飛人還在與死神做生死之搏。

原來，在 1990 年 9 月，蓋爾‧德弗斯被確診罹患了一種怪病，這種病隨時能要了她的命。醫生說，由於她的甲狀腺過於活躍，處在癌細胞裂變的前夜。這就意味著，她的生命在 12 個月內就會終結。

求生的本能，讓她不得不配合醫生來做頻繁的化療和放射性治療，各種副作用折磨得她死去活來。一頭美麗的長髮幾乎全部脫落，雙手總是不停地發抖，左眼幾乎失明，頭痛欲裂，記憶力大部分喪失，雙腿浮腫，不能站立，只能用雙膝爬行。

然而，要命的病魔並沒有壓垮她，她發誓：「只要我活著，就一定要重返跑道。」為了參加比賽，她每天掙扎著跪著爬行。這種消耗體力的運動惹怒了醫生，醫生警告她：如果不停

止這種愚蠢的行動，兩天之後就只能鋸掉雙腿了。德弗斯聽後說道：「我寧死也不放棄我的運動生涯。」

醫生們被她的精神震住。在她的堅持下，奇蹟發生了。1991 年 4 月，她重新站了起來。她站起來的第一件事就是在跑道上慢慢行走。經過一年的苦練後，她終於摘取了奧運金牌，被譽為「從墳墓裡爬出來的冠軍」。

世界是屬於勇者的，成功與失敗不過就是一步之遙。當然在跨出這一步之前，也許你面臨的是一個困難的抉擇，或許前進，或許止步，但對一個成功者來說，他們要做的是挺住、挺住。

當然，像德弗斯這樣在病重時毅然堅持鍛鍊，這樣做是有很大的風險的，也會失敗，但也會成功。從這一點上來看，成功者都是膽大的，他們為了得到自己想要的生活，可以不在乎生命。然而，也正是這種精神，讓病魔也望而卻步了。

1793 年 9 月，還是一個小小上尉的拿破崙，被派往參加圍攻土倫的戰役（Siege of Toulon）。拿破崙一到防守堅固的土倫，就仔細觀察，然後向革命軍南方面軍特派員薩利切蒂提出了新的作戰方案。特派員對新方案十分欣賞，立即任命拿破崙為攻城砲兵副指揮，並提升他為少校。

拿破崙立刻意識到這是一個機會，他要盡力一搏，爭取成功。於是他全身心地投入到戰前的籌劃準備中，顯示了過人的精力、才智和膽略。最後土倫戰役取得了勝利。拿破崙在土倫

戰役中初露鋒芒。贏得了將士們的交口稱讚。1794 年 1 月 14 日，拿破崙被破格提升為少將。拿破崙能抓住機遇，小小的土倫戰役成為他日後叱吒風雲的開端。

成功和失敗大多數只有一步之遙，跨過了這一道檻兒，也許你會成為生活的佼佼者，若錯失了，也可能會一事無成。在挫折面前，咬一咬牙，也許便會跨過挫折苦難。當動搖、迷惘在心裡慢慢滋生時，一定要告誡自己：抓住機遇，努力堅持才能到達成功的彼岸。

成功是每個人的夢。之所以有許多人沒有享受過成功的喜悅，是因為這些人總是無法堅持到最後，他們難以承受潛行在黑夜之旅的孤獨寂寞，害怕在最難時泯滅生的希望，所以，他們缺乏成功者那種跌倒了又爬起、咬牙堅持的精神。

1844 年，摩斯（Samuel Morse）發明了有線電報，讓居住在同一個大陸卻彼此隔絕的人們，能夠透過電報來聯繫，同時讓人們知道世界上發生的一些事情。但對遠隔重洋的歐亞及美洲兩大陸地上的人們來說，利用電進行通訊，依然是個奢望。

菲爾德（Cyrus W. Field）是一位年輕的富商，他決定幫人們完成這個「奢望」。於是，他果斷地把自己所有的財產及全部精力投入到了這項事業中。

菲爾德先是改造了由英美兩國政府提供的兩艘戰艦，並分別裝上足夠鋪設兩千多海里的電纜，於 1857 年 8 月 5 日，開始了鋪設海底電纜的第一次嘗試。第六天晚上，300 多海里長

的電纜，在海面上消失得無影無蹤，菲爾德第一次鋪設海底電纜的嘗試宣告失敗。

浪費了這麼多的人力、物力和財力都沒有成功，對一般人來說，或許不會再做了。但是菲爾德沒有放棄。第二年，他帶著新的勇氣和舊的電線重新出發，卻在第四天因為遇上了狂風暴雨，讓他白白扔掉 200 海里長的電纜，再次失敗。

菲爾德第三次出航時，人們已經不再相信他了，自然也沒有人再注意他們這支船隊。結果就是這一次的堅持，菲爾德海底電纜鋪設成功。

1858 年 8 月 16 日，紐約人第一次接收到英國女皇透過海底電纜發來的賀電時，他們歡呼雀躍，特地為菲爾德舉行了盛大的遊行，把菲爾德視為英雄。正當人們興高采烈地慶祝之時，那根要命的海底電纜突然沉默。轉眼之間，人們對菲爾德由讚美變成咒罵，剛才還視他為「英雄」的人們，改口稱他是「騙子」。

這次失敗後，足有六年的時間，人們沒有聽到菲爾德再鋪電纜的訊息。就在人們已經遺忘了這件事時，菲爾德卻重整旗鼓，開始了他第 30 次遠渡大西洋。

他來到倫敦後，花重金來購置新巨輪。他要繼續這項事業：電纜鋪設。

讓人們驚訝的是，經歷了數次失敗的菲爾德，終於在 1866 年 7 月 13 日，把美洲到歐洲的海底電纜鋪設成功了！

在這個世界上，任何形式的成功，都屬於菲爾德這樣堅持不懈的人，即便身處沒有任何希望的處境，即便所有的人都潑來冷水，他們還是咬牙堅持著，這種不成功不罷休的精神，最終讓他們成為萬千中那唯一的成功者。

在這個世界上，我們要想做好一件事情，必須接受各種困難和挫折。所以，你要感謝生活的磨礪，是它讓你成熟了許多、堅強了許多，但未來的路上還會有更多的坎坷，只要你一直保持樂觀的精神，相信時間的力量，一切痛苦都會過去，太陽照常會從東邊升起。不要因為一時的困難就放棄，放棄會讓你什麼都得不到。在最難的時候堅持一下，你會發現，你前方的路充滿光明。

通往繁華有一段荒涼的路程

有這樣一個天才，他有著讓人無比羨慕的風光事業：

他在 2003 年一年就賺了 1.2 億元；2004 年和 2005 年，每年都保持在 1.5 億元左右；從 2006 年起，他的收入漲到 1.7 億元；到了 2007 年，他的收入增加到 2.6 億元；到了 2008 年，收入達到 3.87 億元；2009 年、2010 年和 2011 年，分別是 3.57 億元、2.5 億元和 2.2 億元。從 2003 到 2011 年，他總共賺了 20 多億元。

然而，他在風光的背後，付出的是這樣不為人知的代價：

2002 年 11 月 2 日，他右手指被打出血；2003 年 1 月 13 日，左膝扭傷；3 月 27 日，暫時性雙耳失聰，不久，左眼遭到肘擊，左眉骨破裂，縫了八針；

2004 年 2 月 27 日，髖部受傷，6 月，右腳大腳趾被踩傷，幾天後大腳趾趾甲被截掉半個，月底，左腳又扭傷，7 月 4 日，兩片腳趾甲被摘除；

2004 年 10 月 28 日，肘部受傷；

2005 年 3 月 31 日，小腿受傷；4 月 4 日，下巴遭到肘擊，隨後又扭傷了右腳踝。4 月 13 日，剛剛縫完 4 針的下巴再次遭到肘擊，6 月 17 日，左腳踝接受骨刺剔除手術；

2005 年 9 月 14 日，下巴被擊中，鮮血直流，12 月 7 日，眉骨被擊中，縫了九針；12 月 16 日，左腳大腳趾被踩，趾甲

脫落；12月19日，左腳大腳趾接受手術；

2006年4月11日，左腳小腳趾骨折，4月14日，左腳被植入一根鋼釘；2006年10月10日，左腳大腳趾趾甲被摘除，12月24日，右腿脛骨骨裂；

2008年2月27日，舟骨應力性骨折，11月27日，眉骨遭到肘擊，被縫四針；

2009年1月24日，膝蓋傷復發，2月8日，左肩被撞傷，2月26日，眉骨被撞裂，血流滿面，5月10日，左腳骨裂。7月22日，接受骨裂修復手術。

2010年11月11日，左腳踝應力性骨折；

2011年1月7日，左腳踝接受手術。總之，他這無比風光的9年，竟是一部鮮血淋漓的歷史，從頭到腳，共經歷過30多次傷痛或手術。

他就是姚明。

伏爾泰（Voltaire）說過：「不經巨大的困難，不會有偉大的事業。」

是的，人生就是如此：你想要什麼樣的繁華，就得吃相對應的苦頭，而這些苦，沒有人能夠幫助你，你必須親自去經歷，去感悟。

有人曾經做過這樣一個實驗：他往一個玻璃杯裡放進一隻跳蚤，發現跳蚤立即輕易地跳了出來。因為跳蚤跳的高度一般可達牠身體的400倍左右。

　　接下來實驗者再次把這隻跳蚤放進杯子裡，不過這次是立即同時在杯上加一個玻璃蓋，「嘣」的一聲，跳蚤重重地撞在玻璃蓋上。一次次被撞，跳蚤開始變得聰明起來了，牠開始根據蓋子的高度來調整自己跳的高度。再一陣子以後呢，發現這隻跳蚤再也沒有撞擊到這個蓋子，而是在蓋子下面自由地跳動。

　　一天以後，實驗者把這個蓋子輕輕拿掉了，牠還是在原來的這個高度繼續地跳。一週以後發現，這隻可憐的跳蚤還在這個玻璃杯裡不停跳著，其實牠已經無法跳出這個玻璃杯了。

　　讓這隻跳蚤再次跳出這個玻璃杯的方法十分簡單，只需拿一根小棒子突然重重地敲一下杯子；或者拿一盞酒精燈在杯底加熱，當跳蚤熱得受不了的時候，牠就會「嘣」的一下，跳了出來。

　　追求成功的路上難免會遇到挫折導致失敗，而且可能是屢屢挫折和失敗。

　　幾次失敗以後，有人便開始不是抱怨這個世界的不公平，就是懷疑自己的能力，於是不再千方百計去追求成功，而是一再地降低成功的標準，即使原有的一切限制已取消。就像跳蚤所在的玻璃杯的「玻璃蓋」雖然被取掉，但他們早已經被撞怕了，或者已習慣了，不再跳上新的高度了。人們往往因為經歷了挫折而喪失繼續挑戰成功的勇氣，寧願接受失敗者的生活。

　　在我們的一生中，有些路注定是要孤身一人走的，有時

候，即便我們經歷了一段荒涼的日子，也不一定能得到想要的繁華，但是卻會讓你收穫一種莫名的力量。這種力量能夠讓你感受到自己的節奏，讓你以跟世界不同的方式獨自運轉著，從另一種途徑走向目的地。

「王老師，現在公司的老闆都這麼狠嗎？我工作這麼多年，第一次見識這麼沒有人情味的老闆。」

K 女年輕漂亮，在一家文化傳媒公司做採編。幾年前，她上大學時，就是我的微博粉絲，我有了微信後，她又成為我的微信好友。

我不知道，這是她多少次在微信上向我發牢騷了。

「K，你畢業兩年了，如果我沒有記錯的話，你開始工作才一年多吧。」我提醒她。

「別看我才工作一年多，但我換了三份工作了。這是我的第四份工作。說實話，前三份工作都比我現在的這份工作好，收入高，也輕鬆，我就是嫌離住的地方遠才辭掉的。」

她振振有詞。

「前三份工作中，第一份工作是公司嫌你沒有經驗，責任心差，第一個月沒滿你就被炒魷魚了。第二份工作，你試用期還沒過，公司就以你不適合那份工作為由辭了你。第三份工作你嫌薪資少才辭職的。」這些話，都是她在微信上對我說的。

或許她忘了。

我沒有點破她。

聽她繼續抱怨:「真是太不公平了!苦活累活都讓我一個人做。和我同去的那位大姐,不就是有幾年的工作經驗嗎?她試用期一過,就被調到業務部門了。薪資高出我一倍,每天見客戶時,穿著高跟鞋、職業裙,美著呢。哼,她不就是運氣好嘛,在試用期談了一個大單,哼,憑什麼總是他們出風頭!」

聽著 K 女滔滔如江水般的埋怨聲,我沒有像以往那樣苦口婆心地勸她。而是心平氣和地對她說:「天下沒有免費的午餐,你想在生活中擁有繁華,就得經過一段荒涼的路程。」

「什麼叫繁華。我從小到大,從來不去追求什麼繁華,也不想去追求,只想輕輕鬆鬆地過日子,有一份輕收入不錯的工作來餬口即可,我可不想當什麼女強人,經歷那些滄桑和荒涼。」

K 女雲淡風輕地說。

我笑了,說:「你說的輕鬆日子、活輕高薪的工作,就是你心中想要的繁華。你若想擁有,就得付出對等的辛苦。」

「什麼?我這麼低的要求,也稱得上是繁華?」她驚訝地問。

女孩,什麼是繁華?並沒有確切的定義,但是一千個人眼中就有一千種「繁華」。容我給你講一個名人的故事。

所謂成功者,就像著名國學大師王國維定義的成功者那樣,經歷以下三種境界:

一種境界:昨夜風凋碧樹,獨上西樓,望盡天涯路 ——

孤獨的前行者

　　二種境界：衣帶漸寬終不悔，為伊消得人憔悴 —— 堅定的實踐者

　　三種境界：眾裡尋他千百度，驀然回首，那人卻在燈火闌珊處 —— 默默的探索者

　　其實，我們只要回顧一下看過的中外成功者的傳記，就會發現，他們無一不是經歷了以上這三種境界。

　　他們今天的滿身光環，曾經是昨天那個屢戰屢敗屢敗屢戰、在逆境中苦苦掙扎的落魄人；今天領獎臺上風光無限的他們，曾經是昨天那個咬著牙、流著汗十年如一日堅持鍛鍊的人；今天西裝革履，意氣風發的他們，曾經是昨天那個頂著烈日、冒著寒風四處奔波的人……他們在收穫人世繁華之時，也曾經收穫過生活中的酸澀與苦難。

　　所以，我們要想在有限的生命裡做出一番成就，就得經歷這樣一段「荒涼」的路程，這段荒涼之旅，是命運之神用來渡你的，你只有嘗盡人世最苦的滋味後，才能享受並珍惜這人世最華麗的繁華！

低谷是積蓄力量的最好時機

　　每個人都會有人生低迷的時候，而這時正是時間充裕的時刻，也正是累積力量的大好時機，正所謂：厚積而薄發。如果我們在低谷時一味地消沉、墮落下去，那麼只會讓我們白白浪費時間，枉費青春時光。所以，我建議這時候，我們一定要放平心態，好好地調整自己，當你做好了充足的準備時，再堅持不懈地做下去，這樣才能夠掃除擋在夢想前面的障礙，實現美好的人生藍圖！

　　人生的軌跡就像是一條拋物線，有高峰也有低谷。處在人生的低谷時，我們會焦慮、迷茫，腦海裡總有個聲音在對我們說：「你不行，你根本不是這塊料，趁早放棄吧。」

　　尼克森（Richard Nixon）說：「當身處最低谷的時候，或許才會明白置身最高的山峰會有多麼壯麗。」一個真正強大的人，會在低谷時沉住氣，並且在這段時間自我修練，積蓄力量，沉積力量，為以後一飛衝天做好充足的準備工作。

　　有一次，我去外地講課，有個很秀氣的女孩走上講臺，講出了她的困惑。

　　她先做了個自我介紹，說自己在一家小超市做財務。但是讓她頭疼的是，這家店的帳目亂七八糟，出貨入貨的記錄也是七零八落，有的甚至連收據都沒有。她開始懷疑是不是自己能

力不行，換成是別的資深會計肯定三下五除二就做完了，最後她問我：「王老師，我到底要不要轉行呢？」

我問她：「面對目前糟糕的工作狀況，你有沒有做出些努力呢？」

女孩說：「我跟經理反映過這個單據不全的問題。」

我說：「後來呢？你們經理怎麼說呢？」

女孩說：「經理跟我說以後一定注意，然後我又跟經理說，是不要安裝個專業的財務軟體，這樣帳目就更清晰了，工作效率也會提高。」

我接著說：「看來你們經理還是很重視這個問題的，他已經給了你答案了。那你這份工作做了多久？」

女孩說：「大概兩個多月吧。」

根據女孩敘述的狀況，我倒覺得她沒必要改行。這世界上沒有完美的公司，並且女孩以前是做人力資源的，花了很多時間去考會計執照，這是她第一份會計工作。假如開端都不是很順利，那麼以後的職場道路也不會好到哪裡去。

更何況，她自己也覺得還沒到一定要辭職的地步。根據她的說法，她的經理還是很支持她的工作的，只是這位經理由於專業知識不足沒辦法給她提供實質的幫助。此時，恰恰是她迅速上升的好時機。

我對她說：「你現在別著急，現在是你大顯身手的時候了，你下個星期上班的時候，就確定好自己的工作重點，梳理出帳

目的漏洞，要解決哪些問題，是要重新制定財務制度？還是要更新財務軟體？這些都要一件一件的去解決。」

可是女孩的眼神依舊很不確定，她一直跟我確認：「我真的能行嗎？」

我突然意識到一個問題，於是問她：「你從小是不是特別聽父母的話，然後爸爸媽媽也很少表揚你？」她朝我點了點頭。

我明白了，這個女孩子之所以懷疑自己的工作能力，很大一部分原因來自於她的成長過程，她的爸爸媽媽太強勢了，過多的干涉了她的生活，以至於她缺乏對自己的人生的掌控感。

對自己的生活缺乏掌控感，會讓我們感到迷茫，不知所措，並且不知道該如何改變目前的狀況。

針對她的問題，我給出了以下建議，見表 6-6：

聽完我的分析，女孩明顯輕鬆多了。解開了心結，情緒明顯改變了許多。培訓結束時，我要趕去機場，她十分不捨，好像意猶未盡。我送給她一句話：「任何時候都不要看輕你自己，千萬不要在艱難的時刻放棄自己。」

每個人都會有人生低迷的時候，而這時正是時間充裕的時刻，也正是累積力量的大好時機，正所謂：厚積而薄發。如果我們在低谷時一味地消沉、墮落下去，那麼只會讓我們白白浪費時間，枉費青春時光。所以，我建議這時候，我們一定要放平心態，好好地調整自己，當你做好了充足的準備時，再堅持

不懈地做下去，這樣才能夠掃除擋在夢想前面的障礙，實現美好的人生藍圖！

表 6-6

1	從小事入手，慢慢解決事情，獲得成功的體驗	我們身邊有很多不夠自信的人，不是因為他們能力一般，而是他們成功的體驗太少了。恰恰因為如此，他們特別希望能達成一次巨大的目標。越平庸就越渴望成功，這種惡性循環一旦形成，只會一次又一次讓我們體會到挫敗的滋味。因此，最現實最穩妥的一條路，就是由小及大，從我們目前的小事入手，試著堅持下來，並且有始有終。 我建議女孩，讓她從看得見的單據入手，就拿收款和付款來說，既然制度不完整，收付款都沒有憑證，那就從這裡開始，建議經理購買幾本收據和付款單，然後組織各部門的管理人員開個會，制定完善的財務制度，並且嚴格執行。 如果這位女孩真能聽進去我的建議，由小及大，慢慢把事情解決了，那麼她就會非常有成就感，發現自己也並非一無是處。
2	正視困難，困難能讓我們迅速成長	困難有時候確實會讓我們喘不過氣來，但這種壓力反而讓我們更迅速地成長。如果一個人的一生一帆風順，還有什麼意思呢？如果我的人生一帆風順，我也就不會站在這裡跟大家分享我的故事了，我又何談對幸福的理解？所以說，正是這種壓力，推著我不斷前進。
3	培養一份自己的愛好，可以從最簡單的運動健身開始	任何一份工作做久了都會進入疲倦期，因此，我們要及時調整自己的狀態。如果不知道該怎麼做，不妨先試試健身。 運動不但對身體有利，還能保持我們優美的體型，同時讓我們的大腦時常處於活躍狀態。除此以外，運動能分泌多巴胺，多巴胺能讓人變得樂觀積極，當我們的情緒變好後，工作的積極性和效率都會提高。
4	拒絕人情綁架，亮出自己的原則與底線	在工作的過程中，難免會觸及到一些人的利益，很可能會招來閒言閒語，但是她只需要堅定地說：「規章制度會讓我們越來越有效率。」 不要因為私人的情緒影響工作的事情，雖然經理對財務不太懂，但是只要你一切以公司的利益為先，老闆自然會看在眼裡。職場不需要老好人。

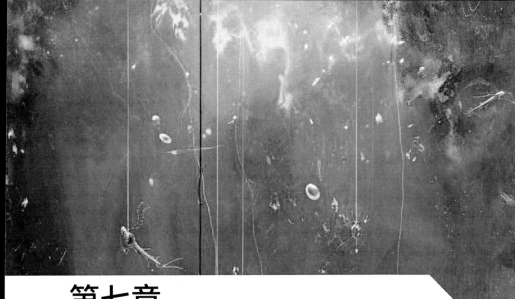

第七章
行動是極致的修行

世間所有的成功都源於行動

　　高爾基（Maxim Gorky）說：「在生活中，沒有任何東西比人的行動更重要、更珍奇了。」世界上的人無外乎有兩種，一種是一旦擁有美好的設想就立即行動的人；另一種則是想了又想卻不停觀望的人。在這兩種人中，成功比較青睞於第一種人。因為任何事情，都不可能發生在觀望者的身上。一個從來不行動的人，再完美的計畫也只能是鏡中花、水中月，唾手可得又不可得。

　　有兩個人相伴一起去遙遠的地方尋找幸福快樂的天堂。一路上，他們不停地想像著天堂的美景！

　　然而，就在他們即將到達天堂的時候，被突然出現的一條大河擋住了。當時，颳著大風，河裡風浪很大。關於怎麼渡過這條河，他們一個建議立刻砍伐附近的樹木，造一條木船渡過河去；另一個人卻認為這種方法很辛苦，而且也不安全，不如等這條河流乾了，再輕輕鬆鬆地走過去。

　　提議造船的人覺得等待河水流乾，不太現實。於是，他立刻採取行動開始造船，先砍伐了樹木，積極的製造船隻；而另一個人等著河乾的人，每天做的事情就是休息睡覺，然後到河邊觀察河水流乾了沒有。讓這個人失望的是，河水沒有一點變化。

　　幾天後，提議造船的人把船造好了，就揚帆出海，順利地

到達了幸福的彼岸，而另一個等河水流乾的那個人，卻失望了。由於他一直沒有等到河水流乾的那一天，所以，也就與天堂擦肩而過了。

這個寓言故事告訴我們，成功始於行動，如果沒有行動，再完美的想法都是零。有一句格言說的好：「幸運之神會光顧世界上的每一個人，但是，如果祂發現這個人沒有準備好迎接祂時，祂就會從門裡進來，然後從窗子飛出去。」

一個人要想成功，就必須用實際行動來說話。請記住，在人生之路上，我們不但需要一對幻想的翅膀，更需要一雙踏踏實實的腳！

然而，在日常生活中，我們經常遇到這種「敢想」卻不行動的人。他們把計畫說得天花亂墜、妙不可言，可是雙腿卻像生了根一樣，就是不去行動。為此，有人說他們是「語言的巨人，行動的矮子」。

真正的成功源自行動，永遠不可能被觀望者、幻想派所擁有。或許一次，兩次可以僥倖得之，但它最終垂青的必然是那些大膽行動者。很多成功人士都告訴人們要獲得成就必須從行動開始，要勇於邁出去。

身高只有 145 公分的原一平，貌不驚人，可他在日本的人壽保險界，卻是一個聲名顯赫的人物。日本約有近百萬的壽險從業人員，大部分人不知道全日本 20 家壽險公司總經理的姓名，卻都認識原一平。

　　原一平的一生從被鄉里公認為無可救藥的小太保，到日本保險業連續 15 年全國業績第一的「推銷之神」，其經歷堪稱傳奇。據說他在最窮的時候，沒錢吃飯、沒錢坐公車，最終憑藉自己的毅力，成就了自己的事業！

　　對於原一平的成功，很多人都很好奇，許多公司還請他去演講，來介紹成功的經驗。

　　有一次，69 歲的原一平應邀到一家保險公司做公開演講。在演講會上，有很多聽眾問他推銷成功的祕訣是什麼？

　　他沒有回答，而是當場把鞋襪脫掉，讓臺下的提問者派一個代表到講臺上來。代表上臺後，他說道：「請你摸摸我的腳底板。」

　　這個代表先是一愣，看到原一平不像在開玩笑，就按照原一平的話去做，用手去摸他的腳底。

　　原一平問：「你摸到了什麼？」

　　代表說：「您的腳底有很厚的繭！」

　　原一平點點頭，回答：「對，我腳底上的繭特別厚，從我工作以來，這繭一直是這樣，你知道這是為什麼嗎？」

　　這位代表搖搖頭：「不知道。」

　　原一平笑著說：「這是因為我是典型的行動派，所以我走的路比別人多，比別人跑得勤，腳上的繭才特別厚啊。這就是我成功的原因。」

　　代表聽後恍然大悟，連聲道謝後離開。

　　萬事始於心動，而是否成功在於行動。這就是成功者的祕訣。所以，當你有了一些好的想法或創意時，不要拖延，更不要找藉口，而是要付之於行動。透過行動，你就會成為這件事情的主導者；透過行動，不管是否能成功，你都會掌握住主動權。有時你行動了不一定成功，但你不行動卻永遠不會成功。

　　洛克斐勒（John Rockefeller）說過，人們用來判斷你能力的真正基礎，不是你腦子裡裝了多少東西，而是你的行動。只有行動才能把心動的想法變為現實，只有行動才能實現我們宏偉的目標與遠大的理想！

　　邦科是某雜誌社的一名編輯，他小時候就有一個想法：將來有一天能夠創辦一種雜誌。至於雜誌是什麼樣的，他還沒有想明白。但他從有了這個想法開始，就開始付諸於實際行動中，在生活中處處留心，尋找創辦雜誌的機會。

　　有一次，他看見一個人開啟一包香菸，從中抽出一張紙片，隨手就把這張紙片扔到地上了。由於邦科從小有創辦雜誌的想法。所以，他對紙片一類的東西很敏感。於是，他就彎下腰，拾起這張紙片。

　　他看到紙片上印著一個著名好萊塢女演員的照片，在這幅照片下面印有一句話：這是一套照片中的一幅。看完後，邦科恍然大悟：這不就是一種促銷香菸的手段嗎？菸草公司利用買菸者收集一整套照片的方法來推銷香菸。邦科這麼一想，又把紙片翻過來，注意到它的背面竟然完全是空白的。

看著這張紙片，邦科感到這是他創辦雜誌的一個機會。他推斷，如果把附在菸盒子裡的印有照片的紙片充分利用起來，在紙空白的背面印上照片上人物的小傳，這種照片的價值是不是就提高了。想過後，他立刻找到印刷這種紙菸附件的平板畫公司，向這個公司的經理說明他的想法。這位經理聽後非常贊成他的提議，許諾他：

「如果你給我寫 100 位美國名人小傳，每篇 100 字，我將每篇付給你 100 美元。請你給我送來一份你準備寫的名人名單，並把它分類，你知道，可分為總統、將帥、演員、作家等等。」

這便是邦科最早的寫作任務，他回家後立刻動筆來寫。漸漸地，他寫小傳的需求量越來越大，使得他必須得請人幫忙。於是他要求他的弟弟麥可幫忙，如果麥可願意幫忙，他就付給他每篇 5 美元。緊接著，邦科又請了幾名職業記者幫忙寫作這些名人小傳，以供給一些平板畫印刷廠。

邦科用他一系列的行動，成功地實現了他兒時創辦雜誌的夢想！

邦科之所以能夠成功，就是因為他是一個行動派。美國著名作家賽珍珠（Pearl S. Buck）曾說：「我從不等待好運來敲門，如果你一味等待，就不能完成任何事情。你必須記住，只有行動才能有所收穫。」

世間所有的成功都源自行動的積極，這是名人成功的經

驗，也是我創業以來最大的體會。我當年有了創業的想法時，就選擇了創業。不管是創業前還是創辦公司後，我從來沒有想過失敗或是放棄。想到了就去行動，在行動中遇到困難就想辦法解決。千萬不要去等待，等待是換不來成功的，等待只會讓你離成功的道路越來越遠。

當然，我並不是說讓大家想到什麼就去做，而是當你決定做什麼時，要想清楚是否值得你這麼做，你一旦想清楚了，就不要再去找藉口，勇敢地去做，就再也不要想東想西了，很多時候人們的成功都是被想死的，而不是被困難所打敗。

因為有了行動，爬行最慢的烏龜超越兔子，成為冠軍；因為有了行動，愛迪生想到一個發明點子，他立刻付諸於行動，親自做試驗、研究，最終成為發明大王……成功不是紙上談兵，更不是憑空想像而來的。成功需要我們每個人付出行動，在行動中走出一條通往成功的路！

積極行動，創造奇蹟

在企業家俱樂部舉辦的「創業」沙龍上，來自各個產業的集團創始人、菁英、大亨在講到自己的成功經歷時，他們說最多的一句話就是：

「我在做這件事之前，周圍的親朋好友都不支持我，說這產業還沒有人去做，萬一搞砸了怎麼辦？我卻沒有想這麼多，就是覺得想做這件事。所以，不管其他人怎麼看，如何反對，都無法阻擋我做這件事，而且是懷著積極的心態去做的。我相信自己一定會做好。等做得順手了，奇蹟就出現了，這時我發現，呀，我成功了。」

聽了他們的講述後，我的感觸是：雖然每個人的失敗各有各的不同，而成功者的成功卻是相似的。我歸納了一下他們的相似之處，可以用八個字來形容：積極行動，創造奇蹟。

其實，不管是創業，還是工作和生活，如果能做到用積極的心態去行動，那麼，無論事情有多麼糟糕，都會出現意想不到的奇蹟，有助於我們更快地走向成功。

美國聯合保險公司董事長克里蒙・斯通（W. Clement Stone），是美國最有錢的人之一，美國聯合保險公司的董事長。也是世界保險業鉅子。這位出身貧寒的鉅富，其發家史的祕訣就是用積極的行動，來換得一次次奇蹟的。

　　斯通的父親早逝，母親含辛茹苦地把他撫養長大。斯通的母親是一位名副其實的行動派，她在斯通十幾歲的時候，為了多賺點錢，就把節衣縮食省下來的一點錢，投到底特律的一家小保險經紀社。

　　這家保險經紀社主要是代替底特律的美國傷損保險公司，來推銷意外保險和健康保險的。業務員只有斯通的母親。她每推銷一筆保險，會收到一筆佣金 —— 她就是靠這筆收入來養活一家人的。

　　斯通 16 歲時的暑假，母親勸他推銷保險。因為是第一次做這份工作，雖然母親親自指導他到一個大樓去推銷，可他還是沒有勇氣敲開客戶的門。

　　在猶豫了好久後，他在心裡默唸著自己信奉的座右銘：「如果你做了，沒有損失，還可能有大收穫，那就下手去做，馬上去做！」他一邊反覆地唸著這句話，一邊勇敢地走入大樓。

　　他走進大樓後，逐門逐戶地進行推銷。那天儘管他很努力，但只有兩個人買了他推銷的保險。他沒有氣餒，回家後，他總結了這次推銷成功的經驗、分析了為什麼只成交了兩單的原因，接著，他根據自己的情況制定了新的推銷方法。

　　第二天，他用自己新的推銷方法賣出了 4 份保險，晚上回家後，他又做了分析，制定了推銷方法；第三天，他賣出

去 6 份……假期快結束時，他居然創出一天 10 份、20 份的好成績。

此時他再分析成功的原因時發現：自己積極的行動起了重要作用。因為有行動，他有了收穫，有了收穫後，他有了動力。

斯通 20 歲時有了創業的想法，一有這個想法後，他就積極行動起來，在芝加哥開了一家保險經紀社 ——「聯合登記保險公司」。

公司剛創辦時，只有他一個人。他在開業第一天就銷出 54 份保險。接下來，他的事業一天比一天好，甚至在一天中創造出賣出 122 份保險的記錄。

隨著公司快速地發展，他立刻在各州招人來拓展他的事業；他在各州都有一名推銷總管，來領導業務員，他自己管理各地總管，這一年，斯通還不到 30 歲。

那時候，整個美國籠罩在經濟大恐慌之中，人們都沒有錢買健康和意外保險，真有錢的又寧願把錢存下來以防萬一。這時，斯通給自己加了幾條應付苦難的座右銘：「銷售是否成功，決定於業務員，而不是顧客。如果你以堅定的、樂觀的心態面對困難，你反而能從中找到益處。」

有了積極的心態，他即刻投入到行動去。結果，他每天成交的份數，居然跟以前鼎盛時期相同。

　　1938 年，斯通成為一名百萬富翁，而他領導的保險公司，一躍成為美國保險業首屈一指的大企業。

　　有人說，積極行動實現人生發展，人生的發展不能光說不動，人的存在和發展都離不開人生行動。所以，我們做事情要做到立即行動，勇於行動。有行動就會有困難，有困難就會有解決的方法。解決困難的過程也是我們成長的過程。

　　成功和失敗是在同一軌跡上的，成功和失敗是一對孿生兄弟，它們相伴而生，相依相存。沒有失敗便沒有成功，要想成功，必須先要過「失敗」這個關口。所以，我們要想讓自己的人生過得有意義，要想讓自己取得成功，就不能害怕失敗。因為當你害怕失敗而放棄行動時，實際上就是放棄了你自己的人生，讓自己渾渾噩噩地過一輩子。

　　人生目標確定容易實施難，但如果不去積極地行動，那麼我們連實現的機會可能也不會有。成就感對於健康人格的形成不可或缺，而成就感的一個重要因素就是必須有努力、行動這個過程。沒任何事是給予的，一切都是贏得的，你行動，才能得到你所擁有的。

　　我們每一次積極的行動都源於思想，積極行動是指達成目標的做法，也是達到成功所不可或缺的關鍵。有人說，每一次發憤努力的背後，必定有加倍的賞賜。我們每個人在自己有限的生命之中，永遠都無法完全揭開自己內在所有的潛

能，正如沒有人曾經挖掘到這個世界上最深的水井一般。所以，真正成功的人是：在相信自己的同時，更要腳踏實地地身體力行。

蘋果創始人賈伯斯、華人首富李嘉誠、新東方創始人俞敏洪、百度 CEO 李彥宏、阿里巴巴的馬雲等等創業成功人士，他們當初和我們普通的人一樣，都是從零開始創業的，可為什麼他們會成功而我們或是原地不動、或是創業失敗呢？

你可能會說他們抓住了機遇，他們比我們智商高。那麼我大聲地告訴你：你錯了。有研究顯示，每個人一生中所遇到的機遇的次數都差不多，每個人的智商也差不了多少。之所以成功者能創造奇蹟，是因為他們習慣於積極行動。

成功者必是立即行動者。對於他們來講，時間就是生命，時間就是效率，時間就是金錢，拖延一分鐘，就浪費一分鐘，立即行動會擠出比別人更多的時間，比別人提前抓住機遇，不要給自己留退路，說什麼「等待機會」「做好準備」等影響自己行動的話。你要記住，當你積極行動時，心態也是積極的。這時的你將是充滿鬥志的，連「失敗」也會畏懼你的。

一個成功的人，是有行動力的人，他們的行動力表現如下，見圖 7-2-1：

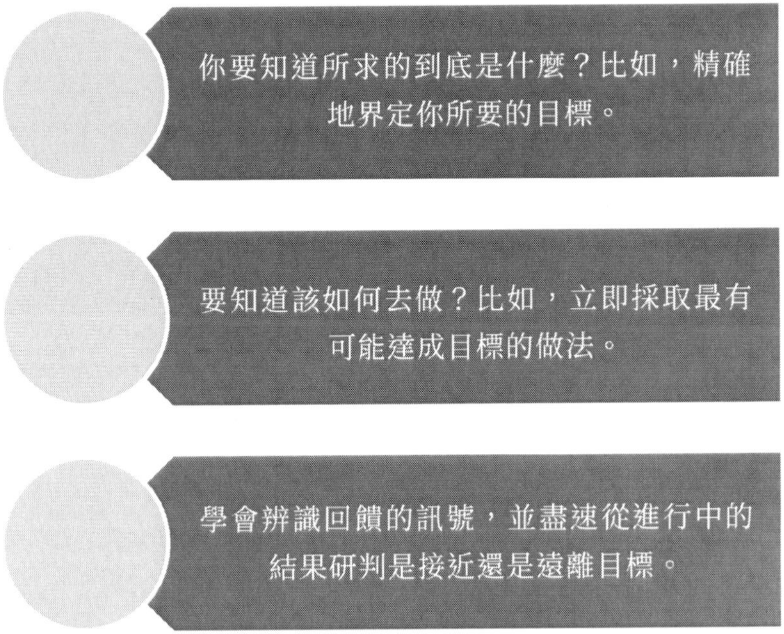

你要知道所求的到底是什麼？比如，精確地界定你所要的目標。

要知道該如何去做？比如，立即採取最有可能達成目標的做法。

學會辨識回饋的訊號，並盡速從進行中的結果研判是接近還是遠離目標。

圖 7-2-1

「積極行動」要比周詳計畫來得更重要。有人計畫了一輩子，卻從來沒有行動過，最後讓自己在碌碌無為中度過。我們要想讓自己擁有一個不遺憾的人生，就得積極行動起來。下面有一些方法，可以用來幫助大家有更多的動力，能夠付出更多的行動。見表 7-2-2：

表 7-2-2

1 把積極行動當作習慣	習慣改變命運。為什麼有一些人每天都精力流沛？做什麼事情都積極行動？那是因為他們已經把積極行動當成了習慣，這個習慣成了他們生活中的一部分。 我們要想讓自己有源源不絕的動力，最好的方法就是化積極為習慣，讓積極成為自己認為理所當然的事情。
2 想像「成功的畫面」	人們常說，夢想成真。就是因為你把美好的夢想想多了，想得多，會下意識地去做，所以夢想由此成真。當你「想象成功」時，會激發你的動力，讓你激情澎湃；當你開始不斷想象自己成功的畫面時，你的潛意識就會引導你的行為，同時配合你的想法做出改變。 我們千萬不能小看潛意識的威力，它真的能在關鍵時讓我們如虎添翼，當你不斷重複地想象自己成功的畫面，並且深深相信時，最後你的身體就會做出反應，你也會變得更積極。
3 閱讀勵志書籍	閱讀勵志書籍，能夠幫助我們獲得正向的能量與正向思考，而正向能量正是動力的所需來源之一，閱讀勵志書籍的好處除了增進知識之外，還會讓我們的思考變得更正向，從而讓自己變成一個積極向上的人。
4 與好朋友共同互相監督	每個人身旁都會有一些值得自己學習的好朋友，與他們組成一個互相監督的機制，是一個幫助自己積極行動的好方法。比如「讀書會」就是一個很棒的方式。 與朋友共同互相監督，可以讓自己不那麼怠惰，同時，建立一個獎懲機制，也有助於激勵讀書會裡的每個人。
5 設定一個目標	前面我們講過了目標的重要性，所以，當你為自己設定一個目標時，你會變得更積極，你的生活也會更加充實。 成功的人都善於規劃自己的人生，他們一旦設定目標後，就會朝著目標走，直到實現。我們要想成功，就得為自己制定目標，制定目標後要積極行動，只有不斷地行動才能幫助你達成目標。
6 為自己的努力找一個藉口	「有錢人努力工作，並且深信，他們因為自己的努力和所提供給別人的價值而得到好的報償，是完全合理的事。」 你很可能想讓家人過上更好的生活、讓自己的生活品質提高，或是想改善這個社會、幫助其他需要幫助的人，如果你找到了生命中值得你努力的事情時，那麼你就會變得更有動力。

恐懼中的行走會刺激你的勇敢

說到恐懼，我曾經看到過這樣一個故事：

有人把一隻飢餓的鱷魚和一些小魚放在水族箱的兩端，中間用透明玻璃板隔開。剛開始，鱷魚毫不猶豫地向小魚撲過去，牠敗得很慘，但牠毫不氣餒，繼續撲向小魚撲，不但沒有咬到小魚，頭部還受了重傷。

在飢餓的驅使下，牠向小魚發動了第三次、第四次進攻……

當多次的進攻都失敗後，牠開始恐懼，受恐懼所使，牠就不敢再進攻了，就安靜地縮在角落裡。後來試驗者把玻璃擋板拿開，鱷魚依然不再向近在咫尺的小魚發動進攻了，只是無望地看著那些小魚在牠的眼皮底下悠閒地遊來游去，放棄了所有的努力，最後竟然被活活地餓死了。

鱷魚因為恐懼受習慣的影響，死於成見。被稱為高階動物的人，有時候會像鱷魚一樣，由於恐懼而犯同樣的錯誤。羅夫說，去做你害怕的事，害怕自然就會消失。所以，不管做什麼事情，多付諸於行動，永遠比你躲在舒適的地方發愁更有效。

幾年前，我有個在外商公司做高級主管的朋友問我：「我手上有一個好專案，想辭職創業，可又擔心創業失敗，到時我這份高薪的工作也丟了，怎麼辦？」

我對他說：「你要是害怕一件事，就付諸於行動，跟這件事一拚輸贏。」

　　他猶豫了一下，說道：「萬一我創業失敗呢？我現在的房子還有房貸呢。我一想到這些就害怕，可是如果不去創業，我又害怕失去一次創業機會。」

　　我說：「那就選擇創業。戰勝恐懼最好的辦法，就是面對恐懼，跟恐懼奮戰。」

　　聽了我的話，他還是猶疑不決。後來又不甘心，就決定用業餘時間來創業。他在創業過程中，面臨著各式各樣的問題，他有條不紊地處理著，半年後，他辭職經營公司。不到一年，公司的發展就走上了正軌。

　　事後，他對我說：「你說得太對了，戰勝恐懼最好的方法是跟恐懼奮戰。說也奇怪，真的去做讓我們恐懼的事情時，就不會恐懼了。」

　　我說：「沒什麼奇怪的，因為你在做恐懼的事情時，就把恐懼的情緒轉移了。而且，那麼多事情等你解決，你也沒時間恐懼啊。」

　　實際上，我們恐懼的原因是自己嚇唬自己。世上沒有什麼事能真正能夠讓我們恐懼，恐懼只不過是人心中的一種無形障礙罷了。不少人碰到棘手的問題時，習慣設想出許多莫須有的困難，這自然就產生了恐懼感。所以，你在遇到困難時，不要想別的，而是大著膽子去幹，就會發現事情並沒有自己想像的那麼可怕。

　　「當你恐懼某件事情的時候，就一直去做，做到你不再害

怕。」這是電影《保鏢》裡的一句話。

我們在自己的一生中，曾經竭盡全力地企圖避開那些妨礙自己前進的事物，而這些事物時常頑固地存留在我們自己的頭腦中，並且其中有不少是我們自己所想像的產物，而非真正地存在著。

當我們遇上害怕的事情時，只要勇於試一試，就會覺得並沒有什麼，也沒有你原先想像的那麼可怕。每當你發現自己總是在迴避你害怕做的事時，你還可以問問自己：「如果我真的去試，誰選擇誰受益，誰擁有誰成功，試這些害怕做的事，最壞的結果會是怎樣？」

最壞的結果，是不會比你想像的更可怕。

有人問英國戲劇大師蕭伯納：「為什麼你講話那麼有吸引力？」蕭伯納答道：「試出來的，就像學滑冰一樣，開始時，笨頭笨腦，像個大傻瓜，後來試的次數多了，就熟練了。」

蕭伯納年輕時，性格內向，害怕在人前講話，更不敢在公開場合發言。即使他去朋友家，在敲別人的門時，也要在門外徘徊 20 分鐘，才硬著頭皮去冒那個險。

為此，他說：「很少有人像我那樣深受害羞和膽怯之苦。」

後來，他下決心要變弱為強，從試一試開始，於是參加了辯論協會，出席倫敦各種公開討論會，逮住機會就發言，終於跨越了自己的無形障礙，成為 20 世紀最有自信和最傑出的講演者之一。

　　我有個親戚，是個年輕的女孩，從小喜歡游泳，體校畢業後，在一個游泳館當教練。

　　在一次，她和朋友外出旅遊時，在風景區碰到一個溺水的孩子，她毫不猶豫地去救，結果是，孩子得救了，她卻差點出事。幸好有其他人及時相救，才免於一場災難。

　　她感到很奇怪，因為那湖裡的水並不深，而她游泳的技術一直不錯。怎麼會出這種事情呢？

　　家人得知此事後，害怕她在工作中發生意外，就想讓她換工作。她不同意，有人建議她找人算算命。

　　「你命中犯水。」算命先生對她說，「以後盡量別去游泳了。」

　　雖然她不迷信。但她又想起那次「捨命」的救人經驗時，就聽從家人的。轉了行。好幾年沒有游泳過。

　　轉機發生在三年後的某一天，她回老家時，老家的侄兒不小心掉進門口的池塘游泳時，她在一急之下，不顧一切地下去救侄兒。

　　這次，她順利救起了侄兒。

　　而那個池塘很深，她救了侄兒後，體力非但沒有感到不支，反而覺得全身有了力氣。

　　之後，她背著家人，又開始去游泳館當教練。

　　現在，她是我們那個城市裡有名的游泳教練。她還根據自己的經驗，出了一本學游泳的書，裡面除了各種游泳技巧外，

還有一些在游泳時如何自救的措施。

　　此時她再分析第一次救人時的「失誤」，恍然明白，那次她在跳下去救人前，旁邊的人告訴她：「你要小心啊，這個湖很深，每年在這個時候都會莫名其妙地淹死一個女子。」

　　那時她聽後就信以為真，可看到水中掙扎的孩子，她又不忍心。帶著這種恐怖的心理下水救人，自然會有所顧忌。

　　正是心理上這種無形障礙，讓自小就會各種游泳方式的她情緒萎靡，自信心喪失，肌體功能失調，導致她差點失去性命。

　　由此可見，無論什麼樣的恐懼，都會把人變得這也不敢幹，那也不敢做，無形中就把自己歸類到那些「注定」不會成功的人裡邊去了。

　　很多時候，成功就像攀爬鐵索，失敗的原因不是智商的低下，也不是力量的單薄，而是威懾於自己的無形障礙，被鐵索周圍的外在現象嚇破了膽。所以，我們一定要勇於做自己害怕的事。

　　無論是在生活，還是在工作中，你對做某件事感到心裡沒底，不去做又日夜擔心時，我勸你什麼也別想，勇敢去做。你可以對自己說：我已經戰勝了恐懼，下一次同樣能夠戰勝它。

　　當你面對恐懼時，你沒有被它征服，一次又一次的經歷會讓你獲得力量、勇氣與信心。所以，越是讓你覺得做不到的事，你就越應該去做。

　　記住，當你對某件事感到害怕時，你就去做這件讓你感到害怕的事，這時害怕自然就會消失。因為當你把心思放在必須做的事情上時，你就轉移了情緒，便不會害怕。

　　人生就是碰釘子，多碰一回釘子又何妨，釘子碰多了，會讓你長一分見識，增加一分閱歷，吸取一次教訓，多一次經驗。何樂而不為？記住，天塌下來，還有比你高比你壯的人撐著。冒一次險吧，讓你的生命享受冒險帶給你的別樣刺激！

唯有主動出擊才有收穫

麥可‧喬丹說：「我不相信被動會有收穫，凡事一定要主動出擊才能成功。」世間萬物的法則，永遠是用進廢退，這是顛撲不破的真理。動物如此，人類亦是同樣的道理，一個人，要想在異常激烈的社會競爭中不被淘汰，必須具有一點生存危機，這樣，我們就能做到未雨綢繆，主動出擊，多一點主動生存的技能與智慧。

在河邊，有一隻狼要帶好幾隻小狼過河，以我們粗淺的經驗，牠一定會一隻一隻地叼過去，但事實並非如此。老狼為了怕自己的子女受傷害，牠會咬死一隻動物，把動物的胃吹足氣，然後再用牙咬蒂處，做成一隻鼓鼓囊囊的皮筏，藉著這生命的皮筏，全家渡河。

在動物界，狼是一種非常聰明的動物，如果讓單個狗與單個狼的搏鬥，肯定是狗敗北，雖然狗與狼是最親近，牠們的體型也難分伯仲，但為什麼敗北的總是狗呢？有人曾就這問題仔細地進行狼與狗的研究。結果發現，經人類長期豢養的狗，因為不需要面臨生存的危機，狗的腦容量遠遠小於狼，而生長在野外的狼，為了生存，牠們的大腦被狠狠地開發，不但非常有創造性，而且有著異乎尋常的生存智慧。

這是一個競爭已經趨於白熱化的時代，被動只會讓你成為捱打的對象。因過分憂慮而凡事畏畏縮縮的人，注定成不了什

麼大器，唯有狠下心來主動出擊，才可能有機會取得勝利。相反，主動出擊卻可以讓你在社會上占有一席之地。你需要清楚地知道一點，你的事業、你的人生不是上天安排的，而是靠自己主動去爭取的。遠處的風景不會自己走過來，你需要邁開自己的雙腳，主動地走近它。

美國鋼鐵公司的董事長費爾萊斯，是美國有名的鋼鐵大王。他之所以能夠從一個四處找工作的求職者，成為公司的董事長兼鋼鐵大王，就緣於他做任何事情，只要認準了，就會主動出擊。

費爾萊斯在年輕時，有一段時間，他連工作都找不到。沒有工作，生計也成了問題。但他是一個主動尋找機會的人。在當地找不到工作，他就乘火車去外省找工作。

在坐火車的旅途中，他無意中向窗外一看，看到一個地方正在大規模地施工。他心一動：「工程這麼大，一定會需要很多工人，這樣我不就有工作了嗎？」他立刻改變主意，在附近下了火車後，就走到工地去找到主管。他主動向主管介紹了自己，表達了想到這裡工作的願望。

主管對他說，這裡確實是在建一座大型工廠，但目前不缺工人。主管最後對他說：「雖然現在不缺，但工廠建好後，還是需要工人的。這樣吧，你把電話給我留下，一有訊息我就通知你。」

費爾萊斯欣然同意。他回去後，一連等了好幾天，都沒有

接到電話。按照一般人的思維，主管不打電話，說明主管只是出於客氣才留下他的電話的，根本沒有讓他去當工人的意思。最好不要把主管的話當真。

可是費爾萊斯不這麼想，他認為這是一次難得的工作機會，對方沒來電話，可能是有其他事情耽誤了。既然是自己想要這份工作，何不主動去聯繫來爭取呢？於是，他再次坐火車來到工地，找到了留他電話的主管。

此時的主管已榮升廠長，廠長一見他就道歉：「小夥子，真抱歉！我本來早就想打電話給你讓你來工作的。可是我不知道把你的電話號碼放哪兒了？正愁不知道怎麼聯繫你呢。還好你來了。」

廠長一邊熱情地接待他，一邊立刻給他分配了工作。

費爾萊斯進的這家工廠，就是做鋼鐵的。他從此進入了鋼鐵產業，因為他在工作中很主動，所以一直幹得不錯，屢次獲得晉升，最後成為鋼鐵公司的董事長。

費爾萊斯的成功看來似乎有些偶然，其實是必然的。我們可以做這樣的假設，假如他像一般人那樣，因為接不到主管電話就重新另找工作。可能找的工作比鋼鐵業還好。但是，此時換的不是一份工作，而是一種「主動」的好習慣。也就是說，他即便找到了新工作，也改不了凡事被動的習慣。所以，費爾萊斯主動求來的不是工作，而是一種好習慣。正是這種主動的好習慣，始終貫穿在他的生活和工作中，才讓他有了後來的成功。

　　可見，我們如果在一些事情上顯得主動一些，即便你在這件事情上沒有成功，也會有其他收穫的。主動出擊帶給我們的是一種動力，一種積極的態度。在職場上求職是這樣，在生活中我們做事同樣如此。特別是在競爭激烈的時代，我們若不主動爭取，那麼，即使機會就在你眼前，也會失去。因為就在你等待和猶豫的時候，別的人就會捷足先登，所以，一個人要想成功，就必須拋開顧慮主動出擊！

電子書購買

爽讀 APP

國家圖書館出版品預行編目資料

假如的人生沒有意義：低谷蓄力、磨練人格、忍耐厄運，通往繁華有段荒涼的路程，唯有主動出擊才會豐收 / 紀海，彭丹，趙燕國彰，王麗 著. -- 第一版 . -- 臺北市：崧燁文化事業有限公司，2024.01
面； 公分
POD 版
ISBN 978-626-357-924-8(平裝)
1.CST: 修身 2.CST: 人生哲學
192.1　　112022191

假如的人生沒有意義：低谷蓄力、磨練人格、忍耐厄運，通往繁華有段荒涼的路程，唯有主動出擊才會豐收

臉書

作　　　者：紀海，彭丹，趙燕國彰，王麗
發 行 人：黃振庭
出 版 者：崧燁文化事業有限公司
發 行 者：崧燁文化事業有限公司
E - m a i l：sonbookservice@gmail.com
粉 絲 頁：https://www.facebook.com/sonbookss/
網　　　址：https://sonbook.net/
地　　　址：台北市中正區重慶南路一段六十一號八樓 815 室
Rm. 815, 8F., No.61, Sec. 1, Chongqing S. Rd., Zhongzheng Dist., Taipei City 100, Taiwan
電　　　話：(02) 2370-3310　　傳　　真：(02) 2388-1990
印　　　刷：京峯數位服務有限公司
律師顧問：廣華律師事務所 張珮琦律師

定　　　價：350 元
發行日期：2024 年 01 月第一版
◎本書以 POD 印製